«Dieses Buch soll keine Provokation sein. Es stellt gewiss keine Rechtfertigung für meinen Entschluss dar, mir eine neue Niere zu kaufen. Es ist aber auch keine Anleitung, wie man sich auf dem internationalen Organmarkt eine Niere, ein Herz oder gar eine Lunge besorgen kann. Ich versuche mit diesem Buch in erster Linie, ungeschminkt die subjektive Sicht eines Betroffenen darzustellen. Es gibt nur wenige Beschreibungen aus der Sicht von Kranken, die ein Organ benötigten und sich auf dem Schwarzmarkt umgesehen haben. Fast alle verstecken sich verständlicherweise und sprechen nicht gerne über die Herkunft ihrer transplantierten Organe. Ich bin bestens mit den vielen moralischen und legalen Einwänden vertraut, die gegen den kommerziellen Transplantationsmarkt erhoben werden. Ich habe sie auch lange selbst geteilt. Während meiner Krankheit stellte ich fest, in welch atemberaubendem Tempo diese Vorbehalte an Bedeutung verloren. Ich bewundere jeden Patienten, der über die Stärke verfügt, seinen Namen auf eine Liste setzen zu lassen, jahrelang zu warten und die Hoffnung zu bewahren. Ich hätte wahrscheinlich nicht genug Kraft besessen, um diese Ungewissheit zu ertragen.»

Willi Germund gehört zu Deutschlands erfahrensten Auslands- und Kriegskorrespondenten. Er war in Nicaragua, Südafrika und Indien tätig und gilt als ausgewiesener Afghanistan- und Pakistan-Experte. Seit 2001 lebt und arbeitet Willi Germund in der thailändischen Hauptstadt Bangkok.

WILLI GERMUND

Niere gegen Geld

Wie ich mir auf dem internationalen Markt ein Organ kaufte

Rowohlt Taschenbuch Verlag

Originalausgabe
Veröffentlicht im Rowohlt Taschenbuch Verlag,
Reinbek bei Hamburg, Februar 2015
Copyright © 2015 by Rowohlt Verlag GmbH,
Reinbek bei Hamburg
Gesetzt aus der Hoefler Text bei Dörlemann Satz, Lemförde
Umschlaggestaltung ZERO Werbeagentur, München
Umschlagabbildung FinePic, München
Druck und Bindung CPI books GmbH,
Leck, Germany
ISBN 978 3 499 61745 4

«Für einen Sterbenden ist es keine schwierige Entscheidung, denn er weiß, er ist am Ende. Wenn ein Löwe Sie zum Ufer eines Flusses voller Krokodile treibt, werden Sie mit der Überzeugung ins Wasser springen, dass Sie eine Chance haben, die andere Seite des Flusses lebend zu erreichen.»

Dr. Christiaan Barnard im Jahr 1967, nachdem er in Kapstadt erstmals ein menschliches Herz transplantiert hatte

INHALT

Vorwort 9
«Du bekommst eine richtig gute Niere von mir.» 11
Schlechte Karten 33
VIP-Suite im Polizeihospital 52
Guangzhou, ich komme doch nicht 72
Ende der Galgenfrist 89
Das erste Mal 107
Der Stachel des Misstrauens 122
Nieren-Safari 142
Seltsame Begegnung 161
Ich bin wieder da! 177
Nachwort 195
Dank 202

Vorwort

Dieses Buch soll keine Provokation sein. Es stellt gewiss keine Rechtfertigung für meinen Entschluss dar, mir eine neue Niere zu kaufen. Es ist aber auch keine Anleitung, wie man sich auf dem internationalen Organmarkt eine Niere, ein Herz oder gar eine Lunge besorgen kann. Deshalb habe ich fast alle Namen verändert.

Ich versuche mit diesem Buch in erster Linie, ungeschminkt die subjektive Sicht eines Betroffenen darzustellen. Es gibt unzählige und beeindruckende Dokumentationen in Wort, Bild und Film über den Organhandel und über die Menschen, die eine ihrer Nieren verkaufen. Diesen Schwarzmarkt gibt es weltweit, und er hat sich in den vergangenen Jahren allen gesetzlichen und internationalen Maßnahmen zum Trotz sprunghaft entwickelt.

Der Schriftsteller David Wagner beschreibt in seinem wunderbaren und eindrücklichen Buch «Leben» die Erfahrungen, die er in seinem Leben vor, während und nach seiner Lebertransplantation machte. Es gibt, wenn überhaupt, nur wenige Beschreibungen aus der Sicht von Kranken, die ein Organ benötigten und sich auf dem Schwarzmarkt umgesehen haben. Schätzungen zufolge liegt ihre Zahl jährlich weltweit allein bei Nieren bei über 75 000 Patienten. Fast alle verstecken sich verständlicherweise und sprechen nicht gerne über die Herkunft ihrer transplantierten Organe.

Ich bin bestens mit den vielen moralischen und legalen Einwänden vertraut, die gegen den kommerziellen Transplantationsmarkt erhoben werden. Ich habe sie auch lange selbst geteilt. Während meiner Krankheit stellte ich fest, in welch atemberaubendem Tempo diese Vorbehalte an Bedeutung verloren. Ich bewundere jeden Patienten, der über die Stärke verfügt, seinen Namen auf eine Liste setzen zu lassen, jahrelang zu warten und die Hoffnung zu bewahren. Die Versuchung, sich fatalistisch seinem Schicksal zu ergeben und der Dinge zu harren, ist immens. Ich hätte wahrscheinlich nicht genug Kraft besessen, um die Ungewissheit zu ertragen, ob sich rechtzeitig eine Spenderniere findet.

Seit dem Eingriff geht es mir gesundheitlich gut. So gut, dass ich ohne die Beule in meiner Leiste, unter der die fremde Niere sitzt, manchmal vergessen würde, wieso ich so normal leben kann. Ich wünsche diese Erfahrung jedem Kranken, der ein fremdes Organ benötigt – und ich hoffe, dass die Organspendebereitschaft trotz aller Kontroversen steigt.

«Du bekommst eine richtig gute Niere von mir.»

Ich sterbe seit rund sechs Monaten. Es geht zwar im Schneckentempo abwärts, aber deutlich spürbar. Langsam neigt sich auch meine Geduld dem Ende zu, denn der schleichende Tod ist abwendbar. Vor einem halben Jahr haben meine Nieren nach Jahren der stetigen Verschlechterung vollständig ihre Funktion eingebüßt. Seitdem muss ich mich dreimal pro Woche einer Dialyse unterziehen. Die Maschine wäscht das Blut von Menschen, deren Nieren nicht mehr funktionieren. Sie hält mich am Leben und zerstört gleichzeitig langsam, aber sicher meinen Körper.

Als ich an diesem späten Montagvormittag mitten im Hochsommer in einer nordmexikanischen Stadt aus dem Dialysezentrum in die grelle Wüstensonne hinaustrete und mir eilig einen breitkrempigen Hut auf den Kopf setze, bin ich zum ersten Mal seit Monaten nicht ungeduldig. Ich habe während der vergangenen vier Stunden bei der Behandlung zwar wieder ein paar Nervenfunktionen eingebüßt, aber zum ersten Mal in rund sechs Monaten kann die übliche Erschöpfung nach der Blutwäsche meiner guten Laune nichts anhaben. Stattdessen tobt in meinem Innern ein Chaos aus Vorfreude, unbestimmter Nervosität, Furcht und banger Erwartung.

Vor allem schwelge ich in Emotionen, die ich seit meinem Nierenversagen nicht mehr kenne: Ich fühle mich wie ein Glückspilz. Dabei habe ich mich gerade erst voller Verlegenheit aus dem Behandlungszentrum mit dem freundlichen Personal und den netten mexikanischen Patienten gestohlen. «Verabschiedet euch von Willi», verkündet plötzlich und ohne mich zu fragen, die Leiterin des Zentrums, als sie die Verbindungskanülen zwischen mir und der Dialysemaschine trennt. «Wünscht ihm viel Glück, denn heute ist er wahrscheinlich zum letzten Mal bei uns zu Besuch. Er soll morgen eine neue Niere erhalten.» Es ist mir peinlich und unangenehm, dass meine Leidensgenossen auf diese Weise von meinem Plan erfahren. Schließlich bin ich der Glückliche, der dem schleichenden Tod entkommt, zu dem sie dank der Dialysebehandlung und mangels Spenderniere zumindest vorerst verurteilt bleiben – falls bei meiner geplanten Operation alles gutgeht.

Außer mir ist keine Menschenseele auf den Straßen dieses Ortes voller Spielkasinos, gigantischer Supermärkte mit riesigen Parkplätzen und einer Unzahl von medizinischen Kliniken zu sehen. Der Sommer in der nordmexikanischen Wüste eignet sich nicht für Spaziergänge kurz vor der Mittagszeit. Der Asphalt scheint zu kochen, jeder Schweißtropfen verdunstet sofort auf der Haut.

Ein paar hundert Meter entfernt erhebt sich das meterhohe, hässliche und verrostete Monstrum aus Stahl, mit dem die USA sich von Lateinamerika abschirmen. Die düstere Barriere trennt den amerikanischen Kontinent in den wohlhabenden Norden und die ärmlichere Region des Südens. Dank der zahllosen, oft namenlosen Kreuze auf der mexikanischen Seite wirkt die Stahlwand wie der Todesstreifen, den Deutschland im Jahr 1989 endlich abschaffen konnte.

Trotz der gemeinen Abweisung durch den Norden haben Lateinamerikaner jahrelang fast alles unternommen, um diese stählerne Hürde zu überwinden. Für viele US-Bürger, die sich die hohen Kosten einer medizinischen Behandlung nicht leisten können oder wollen, hat diese Grenze einen großen Vorzug: Mexikos Ärzte kurieren und operieren für weitaus weniger Geld als ihre Kollegen im Norden. Deshalb strömen US-Amerikaner zu Tausenden über die Grenze in den Norden Mexikos, um sich dort trotz gewalttätigem Drogenkrieg für vergleichsweise niedrige Honorare behandeln zu lassen. Die Ärzte südlich des Rio Grande schneiden auch im Preisvergleich mit Europa besser ab, wie die verknüllte, handgeschriebene Rechnung in meiner Hosentasche beweist. Ich habe nur einen Bruchteil der Summe bezahlt, die ich in Deutschland für eine Dialyse auf den Tisch legen müsste.

Vor vier Stunden war ich mit meiner Flasche Wasser, ein paar belegten Broten und einem Buch im Behandlungszentrum angekommen, in dem ich seit meiner Ankunft in Mexiko gezwungenermaßen alle zwei Tage zu Gast war – heute zum letzten Mal, wenn alles nach Plan geht. Vor ein paar Wochen hätte ich dank der Dialyse nur eine paar Tage länger überlebt. Heute wurde mein Körper entgiftet, damit auch noch 24 Stunden später nicht zu viel Schmutz in meinen Adern herumschwimmt – denn morgen früh, so ließ mir mein mexikanischer Chirurg aus einem nahegelegenen Privatkrankenhaus ausrichten, soll es so weit sein.

Ich werde eine fremde Niere erhalten.

Ich, der vergleichsweise betuchte Europäer, habe einem jungen Afrikaner Geld für eine seiner gesunden Nieren bezahlt. Ich bin die wandelnde Inkarnation des kranken Patienten, der sich auf dem florierenden, aber weltweit geächteten, gesetzlich regulierten und von vielen als verwerflich betrachteten Organmarkt eine Zukunft gekauft hat. Ab Dienstagnachmittag werde ich, wenn die Operation wie geplant verläuft, wieder die Chance haben, ein «fast normales Leben zu führen», wie mir einer der vielen, während der vergangenen Monate von mir konsultierten Spezialisten versprochen hatte.

Von einem solchen normalen Leben ist kaum etwas übrig geblieben, seit vor etwas mehr als sechs Monaten meine beiden Nieren wegen eines genetischen Defekts endgültig ihren Dienst quittiert hatten. Seitdem diktiert die Dialysemaschine meinen Alltag.

Da meine Nieren keine verbrauchten Nährstoffe mehr ausscheiden, sammeln sich Flüssigkeit und Schadstoffe im Körper. Ich vergifte mich quasi selbst. Alle zwei, spätestens alle drei Tage muss mein Blut deshalb mit Hilfe der sogenannten Dialyse sprichwörtlich ausgewaschen werden. Ob zu Hause oder unterwegs: Seit sechs Monaten bildet die Blutwäsche den neuen Mittelpunkt meines Lebens. Ich ordne meine Verabredungen dem Behandlungsstundenplan unter. Bestellungen in Restaurants müssen mit meinem Diätplan abgestimmt werden, den mir Ärzte mit einem Sammelsurium von Medikamenten in die Hände gedrückt haben.

Oberhalb meines rechten Schlüsselbeins ragen zwei

schmale Plastikschläuche aus meinem Hals, die ein bis zwei Zentimeter über meiner Brustwarze enden. Zehn Zentimeter der biegsamen Kanülen stecken jeweils in einer Vene und einer Arterie im Körper. Sie reichen fast bis ins Herz. Die äußeren Enden der schmalen Schläuche sind sorgsam in Mull und steriles Plastik verpackt auf meinem Brustkorb festgeklebt, wenn ich nicht an der für mich überlebenswichtigen Maschine hänge.

Die Ärzte haben sich mit diesen provisorischen «Tankstutzen» zufriedengegeben, weil ich darauf bestand. Schon vor dem ersten Dialysetermin verkündete ich ihnen, dass ich bald per Transplantation eine fremde Niere erhalten würde. Normalerweise wird Patienten ein «Shunt», ein spezieller Gefäßzugang, am rechten oder linken Unterarm gelegt, ein permanenter Anschluss, an den bei jeder Blutwäsche die Maschine angedockt werden kann. Die provisorische Übergangslösung, die aus meiner Halsbeuge baumelt, birgt das Risiko vieler Komplikationen.

Shunt und hervorstehende Kanülen haben ohnehin viele Tücken. Im Laufe der Zeit können sie verstopfen, die direkt mit Adern verbunden Öffnungen können Infektionen direkt ins Blut befördern. Deshalb ist strenge Hygiene rund um die Kanülen das höchste Gebot. Es gilt eine eiserne Regel, die irgendwann fast jeden Dialysepatienten nervt: Der Waschlappen ersetzt das Vollbad. Man darf sich weder baden noch duschen, damit keine Feuchtigkeit an die Öffnungen zum Körperinneren gerät. Krankenschwestern reinigen die unmittelbare Umgebung der «Tankstutzen» mit Alkohol.

Selbst wenn es keine anderen Einschränkungen im

Leben mit der Dialyse gäbe: Das Badeverbot genügt, um mich schier in den Wahnsinn zu treiben. Die Haut juckt unter dem Mullverband, und der Waschlappen spendet keine Labsal. Er provoziert Wutanfälle. Die Sehnsucht nach einem Vollbad gerät schnell zur Besessenheit.

Nur der ewige Durst und die unersättliche Gier nach kalten Getränken übertrifft den Ingrimm über das Badeverbot. «Maximal zwei Liter Flüssigkeit pro Tag», lautet die Anweisung der Mediziner. Das klingt erst mal nicht nach mühevoller Einschränkung. Ich habe zwei volle Literflaschen mit Mineralwasser vor Augen. Es stellt sich schnell heraus, dass diese Rechnung nicht funktioniert. Jeder Tropfen zählt. Suppen landen deshalb als Erstes auf der Liste verbotener Speisen. Gemüse und gekochte Kartoffeln füllen das Zwei-Liter-Maximum schneller, als Nierenpatienten lieb sein kann. Da helfen nur gelegentliche Eiswürfel und viele saure, dünngeschnittene Zitronenscheiben, um den allgegenwärtigen Durst zu beherrschen.

Der Grund für das strikte Regiment: Nierenversagen bedeutet, dass fast kein Urin mehr ausgeschieden wird. Jeder Tropfen muss deshalb auf andere Weise aus dem Körper gesaugt werden. Das ist einer der Prozesse, die während der drei bis vier Stunden langen Blutwäsche ablaufen. Der Entzug von zwei bis vier Kilogramm Körperflüssigkeit stellt wiederum eine schwere Belastung des Kreislaufs dar. Andererseits hängt die Menge von der Flüssigkeitsaufnahme während der Tage zuvor ab. Wer zu viel hat, geht mit Wasser im Leib wieder nach Hause. Flüssigkeit samt Schadstoffe im Körper müssen bei der nächsten Dialyse entsorgt werden, wenn der gesamte Blutkreislauf wieder durch die Filtermembrane der Dialysemaschine geleitet wird. Außerdem sammelt sich die Flüssigkeit in Füßen und Beinen und beschädigt dort die Nerven.

Die Blutwäsche verhindert, dass der Körper vergiftet wird. Sie verlängert Leben. Aber die Dialyse ist eine Maschine und keine Niere. Sie zerstört gleichzeitig in minimalen, aber kontinuierlichen Schritten den Körper. Als Erstes leiden die Nerven. Das Sexualleben endet schnell, weil dank der Dialyse die Reiznerven absterben. Je mehr Dialysesitzungen ein Nierenkranker absolviert, umso stärker und umso spürbarer werden die gesundheitlichen Nebenwirkungen.

Außerdem kann die Blutwäsche manche Stoffe nicht entfernen. Das Wort Kalium verfolgt Dialysepatienten auf Schritt und Tritt. Frisches Obst und Salate stehen ganz oben auf der Tabuliste, auf der neben Schokolade und Nüssen sogar gesundes Vollkornbrot aufgeführt wird. Nicht einmal frische Avocados und Tomaten sind erlaubt, weil sie zu viel Kalium enthalten, das die Filter der Blutwäsche nicht sieben können.

Dialysepatienten werden gezwungenermaßen zu Freunden englischer Küche mit ihren bis zur Geschmacklosigkeit zerkochten Mahlzeiten. Denn Kalium verschwindet beim Kochen. Das auch Potassium genannte Element vergrößert in Überdosis das Risiko von Herzinfarkten und ist deshalb verboten. Im Klartext: Nein zu Bananen. Manche Broschüren empfehlen deshalb, auf Konservenkost umzusteigen. Der Nachteil: Obst aus der Konserve ist sehr süß.

Dieses Labyrinth von Diätregeln, diese ewige Quälerei soll morgen früh beendet werden. Noch 20 Stunden, und dann gehören ungestillter Appetit, nagender Durst und strenge Diätregeln wieder der Vergangenheit an. Einen Tag noch, und ich muss mir das gleichförmige Saugen der Dialysepumpen, das mich selbst in meinen Träumen verfolgt, nicht mehr anhören. Sechs Monate habe ich diesen bedrückenden Kreislauf miterlebt. Stunden der Erschöpfung, gefolgt von einem fast normalen Tag, an dessen Ende die Symptome des Nierenversagens meine Leistungsfähigkeit wieder deutlich mindern. Ich kann es kaum erwarten, auch wenn es letzten Endes um Leben und Tod geht. Eine mehrstündige Operation ist keine Nebensache.

Dabei habe ich im Behandlungszentrum in einer Seitenstraße dieser mexikanischen Stadt meine schönsten Dialysestunden verbracht. In dem Raum, in dem sechs Blutwäschemaschinen neben gepolsterten Liegesesseln aufgereiht sind, habe ich fast so schnell Bekanntschaften geschlossen wie sonst an einer Biertheke in Köln. Mexikaner sind lebenslustige und aufgeschlossene Menschen, und das gilt auch für meine Leidensgenossen.

Die bestens eingerichtete Blutwäscheabteilung in meiner Wahlheimat Bangkok hält dagegen keinen Vergleich aus. Das Krankenhauspersonal in dem thailändischen Königreich gibt sich alle erdenkliche Mühe, aber die anderen Patienten sind fast alle so gebrechlich, das meine Laune bei jedem Termin in den Keller sackt. Schließlich liegt in den anderen Betten sozusagen meine Zukunft: siechende Menschen, die nach Jahren der Dialyse mehr und mehr verfallen. Kaum einer von ihnen zeigt noch einen Funken Lebensfreude.

Weltweit, so scheint es, folgt das Personal von Dialysezentren der gleichen Devise: Munter wirken, fröhlich bleiben und es Patienten möglichst bequem machen. In Deutschland schafft es das Personal nach meinen Erfahrungen selten, die missmutige Stimmung nörgelnder Patienten zu verbessern. Stattdessen gibt es ewigen und sehr deutschen Streit: So wie deutsche Urlauber in der ganzen Welt berüchtigt sind, weil sie in aller Frühe schlaftrunken mit Handtüchern an die Swimmingpools schlurfen und ihre Lieblingsliegen reservieren, beanspruchen manche Dialysepatienten in deutschen Kliniken die Hoheit über die Fernsehfernbedienung. Prompt gibt es Ärger wegen des Programms.

Dagegen herrscht hier in Mexiko eine geradezu erholsame Atmosphäre. Der Rechtsanwalt, ein lebhafter Mittdreißiger, gibt die neuesten Anekdoten aus seinem Berufsalltag zum Besten. Eine pensionierte Lehrerin redet am liebsten über den neuesten Klatsch aus der Stadtverwaltung. Ein etwas fülliger junger Mexikaner, der während der stundenlangen Behandlung vorzugsweise Filme auf seinem Tablet-PC schaut, träumt nicht etwa davon, die Handvoll Kilometer über den Rio Grande bis zum großen Nachbarn USA zu bewältigen. Er will lieber endlich mal die Hauptstadt Mexiko-Stadt besuchen.

Und dann gibt es die neuesten Kuriositäten und tragischen Anekdoten vom eisernen Grenzzaun. Die vielen Kreuze, die an dem rund eineinhalb Stockwerke hohen Ungetüm hängen, erzählen schließlich von den vielen Menschen, die ihr Glück suchten und den Tod fanden. Sie waren sozusagen Verwandte im Geiste, schließlich suche ich hier ebenfalls mein Glück. Ich riskiere mein Leben, um dem schleichenden Verfall zu entkommen.

Manchmal, wenn die Dialyse wieder einmal richtig heftig wirkt und ich zwischen Kopfschmerzen und Erschöpfung nicht weiß, was ich mit meinen zwickenden und rastlosen Beinen machen soll, frage ich mich, worauf ich mich mit dieser Nierentransplantation eigentlich einlasse. In solchen Momenten geht mir der Satz eines britischen Nierenspezialisten durch den Kopf, der angesichts des Nierentourismus pakistanstämmiger Briten in ihr Herkunftsland die Bemerkung fallen ließ: «Wir hören viel von Leuten, die mit einer neuen Niere nach Großbritannien zurückkehren. Aber wir erfahren nie von den Leuten, die nicht zurückkommen, weil sie die Operation nicht überleben.»

Meine Transplantation wird nicht in einer bestens ausgerüsteten Spezialklinik stattfinden. Das kleine, schmucke Krankenhaus, das ich bereits mehrmals besichtigt habe, ist zwar sauber und gut geführt. Aber als mich das Personal kurz nach meiner Ankunft das erste Mal an die klinikeigene Dialysemaschine anschließen will, geht alles schief. Niemand im Krankenhaus weiß, wie der komplizierte Apparat bedient wird. Herauslaufendes Wasser wird so lange in irgendwelchen Eimern aufgefangen, bis sie überlaufen und den Boden überschwemmen. Nach zwei Stunden vergeblicher Mühen gibt das Krankenhauspersonal schließlich auf und schickt mich zum Behandlungszentrum in der Stadt.

Diese Pleite an der Maschine wiegt schwer, wenn ich mir Sorgen wegen der bevorstehenden Operation mache. Jetzt, ein paar Stunden bevor es so weit ist, benötige ich meine ganze Entschlusskraft und verdränge einfach die Frage, ob die Ärzte im Fall einer schweren Krise während der Transplantation mein Leben retten können.

Allerdings spüre ich auch, wie mir langsam die Kontrolle über die Geschehnisse entgleitet. Ich fühle mich zunehmend wie ein Passagier in einem Zug, den ich in Gang gesetzt habe und der nun unaufhaltsam und mit wachsender Geschwindigkeit auf ein unbekanntes Ziel zusteuert. Wie sehr ich zum Mitfahrer geworden bin, macht die Betreiberin des Dialysezentrums zu meinem Schrecken deutlich, als sie zu meinem Abschied den anderen Patienten kurzerhand von der geplanten Transplantation erzählt.

Mir wäre es sehr viel lieber gewesen, sie hätte den Mund gehalten. Ich habe während der vergangenen Monate nur einen ganz kleinen Kreis von Freunden und Bekannten in meine Pläne eingeweiht. Die mexikanischen Patienten, davon bin ich überzeugt, können sich an fünf Fingern ausrechnen, dass bei meiner Transplantation Geld im Spiel sein muss. Manche der vielen Panikattacken, die mich überfallen, kreisen um eine einzige Befürchtung: Behörden könnten Wind von der Sache bekommen und die Operation stoppen.

Die anderen Patienten im Dialysezentrum reagieren mit höflichem Applaus und ohne eine Spur von Begeisterung auf die Ankündigung. Während der letzten beiden Wochen haben wir zwar über Gott und die Welt geredet, aber einen großen Bogen um alle Themen geschlagen, die mit Nierenversagen zu tun haben. Zu den Tabus gehören die Gründe des jeweiligen Nierenversagens. Die Frage, warum die Mexikaner keine Spendernieren finden können, wird höflich ignoriert. Vielleicht wäre das Thema für meine mexikanischen Leidensgenossen zu persönlich. Schließlich gilt Mexiko mit seinem starken Familienzusammenhalt als Land, in dem die Verwandtschaft bereitwillig mit Spenderorganen einspringt – im Gegensatz zu den benachbarten USA, wo laut Ärzten selbst erwachsene Kinder ihren Eltern keine Nieren spenden wollen.

Freundlich verabschiede ich mich von den mexikanischen Patienten und schleiche mich aus dem Gebäude. Fast meine ich, ihre Gedanken zu hören: «Da geht er, der reiche Gringo, der ausländische Glückspilz.» Ich könnte ihnen die Vorwürfe noch nicht einmal übelnehmen. Stattdessen verabschiedet man mich mit einem freundlichen «mucho suerte» – viel Glück.

Ich glaube, dass ich es gebrauchen kann. Die Uhr tickt, und mir fällt ein, was und wie viel in letzter Minute alles schiefgehen kann. Das Krankenhaus könnte den Termin plötzlich verschieben. Raymond, mein afrikanischer Spender, könnte plötzlich erkranken oder sich umentscheiden. Bei mir könnte unerwartet eine Infektion auftreten. Am Abend soll die abschließende Untersuchung des Arztes stattfinden, und meine Phantasie schlägt Purzelbäume.

Es gibt viel zu tun: Ein kleiner Kreis von Verwandten und Bekannten wird über den bevorstehenden Eingriff informiert. Gegen Abend sind ein paar Telefongespräche nach Deutschland und Thailand fällig. Die Idee, zwei Bekannte einzufliegen, erweist sich als nahezu genial. Eigentlich sind sie für den GAU, den größten beziehungsweise schlimmsten anzunehmenden Unfall, da. Sollte die Transplantation schiefgehen und ich nicht lebend aus dem Operationssaal zurückkehren, müssen sie die Überführung des Sarges mit meinen sterblichen Überresten organisieren. Wir sprechen das Thema nur einmal an. Was sie denn machen sollten, wenn alles schiefgehen sollte, wollen sie wissen. Mir ist dies herzlich egal, und ich entscheide mich kurzerhand für den Friedhof im Heimatdorf der engeren Verwandtschaft.

Aber den Vorabend der Operation verbringen wir recht entspannt: Wir klopfen einige Skatrunden im Krankenhaus, um die Zeit zu vertreiben. Nach der abendlichen Untersuchung durch den Arzt – er gibt grünes Licht – bin ich dank der Dialyse vom Morgen erschöpft. Als ich schließlich alleine im Krankenbett liege, schlafe ich trotz gewaltiger Nervosität schnell ein.

Es klopft an der Hospitaltür. «Listo?», fragt die Krankenschwester, «Bereit?». Es ist Dienstagmorgen, der Termin meiner Operation nur noch ein paar Minuten entfernt. Die Krankenschwester wartet gar nicht erst auf meine Antwort. Bevor ich mich's versehe, rolle ich den langen Krankenhausflur entlang in Richtung OP. Krankenschwestern eilen umher. Ich zittere. Die letzten Sekunden meines bisherigen Lebens sind angebrochen. «Jetzt», schießt es mir durch den Kopf, während ein Anästhesist sich an mir zu schaffen macht, «jetzt ist der letzte Augenblick gekommen, die letzte Gelegenheit, ‹Stopp› zu rufen und es mir noch einmal zu überlegen.» Aber durch eine Kanüle am linken Handrücken wird schon ein Betäubungsmittel in meinen Kreislauf geleitet, und die medizinische Routine rollt wie ein nicht zu stoppender Bulldozer. Schließlich wurde Raymond, mein Nierenspender, bereits operiert.

Einen Anteil von rund 30 000 US-Dollar hat der 28-jährige Raymond von dem Geld erhalten, das ich einem Agenten überwiesen habe.

Als wir ein paar Wochen zuvor von zwei verschiedenen Kontinenten auf getrennten Wegen fast gleichzeitig in unserem mexikanischen Hotel eintreffen, wird schnell deutlich, dass es bei dieser Variante der Nierentransplantation kaum Distanz zwischen mir, dem Empfänger, und Raymond, dem Spender, geben wird. Wir begegnen uns fast täglich irgendwo im Hotel, fahren gemeinsam zu Voruntersuchungen. Er bittet mich um Hilfe bei alltäglichen Problemen. Abends sitzen wir in der Dunkelheit am Swimmingpool und genießen die kühle Luft, die nach Sonnenuntergang aus der Wüste in die Stadt weht.

Es ist nicht immer einfach, im Netz von Halbwahrheiten rund um die Transplantation den Überblick zu bewahren. Zum meinem Glück erweist Raymond sich als grundsolider Mensch, der nicht von Zweifeln geplagt zu werden scheint. Rund eine Woche nach unserer Ankunft versichert er mir, dass die vereinbarte Summe auf seinem Konto angekommen sei. Es ist das grüne Licht von Raymond für die Transplantation.

Als wir vor der Operation gemeinsam in der Abenddämmerung bei einem Glas Sprudelwasser am Rand des Hotelpools ausspannen, sagt er voller «Spenderstolz»: «Bei mir kannst du sicher sein, dass du eine richtig gute Niere bekommst.» Später sehe ich auf einem Foto, dass Raymonds rosarote Niere nicht einmal einen ganzen Handteller füllt.

Aber erst einmal suche ich nach einer passenden Antwort. Ich murmele schließlich, dass ich aufs tiefste dankbar für seine Bereitschaft zur Nierenspende sei. Was kann, was soll man in solchen Situationen sagen? Es ist ein weiterer Moment großer Verlegenheit. Und es ist das einzige Mal, dass wir beide über die bevorstehende Transplantation und über den Organaustausch sprechen.

Der kerngesunde Raymond und ich, der Mann mit der finalen Niereninsuffizienz, verbringen in den Wochen vor der Transplantation gemeinsam viel Zeit bei medizinischen Routinetests. Er leidet unter Anpassungsschwierigkeiten, und ich rutsche in Mexiko unversehens ein wenig in die Rolle des Gastgebers, der ihm Hindernisse des mexikanischen Alltags aus dem Weg räumen muss. Das ist nicht immer einfach. Stur wehrt er sich mit Händen und Füßen gegen eine Spezialbrille für einen 3-D-Kinofilm – und ist dann doch begeistert von den visuellen Effekten.

Neben dem putzmunteren Raymond wirke ich wie ein wandelndes Wrack. Per Dialyse wurde ich auf ein Körpergewicht von 68 Kilo gedrosselt. Nun schlottern nicht nur alle Kleider an meinem Leib – auch das Gesicht ist eingefallen, grau und von tiefen Furchen durchzogen. Ich bewege mich langsam wie ein Greis und habe kaum die Energie für einen Kinobesuch. Gesellige Abendessen mit Bekannten waren während des vergangenen Jahres eher mühsam als unterhaltend, weil das Nierenproblem immer im Raum schwebt.

Am schlimmsten für die Gemütsverfassung erweist sich freilich die Suche nach einer Spenderniere auf dem kommerziellen, grauen Markt. Jeder Absage folgt ein Stimmungsabsturz. Jede Verzögerung provoziert Zweifel an der Seriosität der Vermittler und Agenten, die die Transplantation organisieren. Im Internet behaupten tatsächlich vereinzelt Empfänger von Spendernieren, sie würden lieber zurück an die Dialyse gehen. Die auf dem Spiel stehenden hohen Geldsummen, die ohne Quittung und ohne klaren Verwendungszweck zwischen Banken in verschiedenen Ländern der Welt umhergeschoben werden, fördern die Unsicherheit. Ich weiß ganz genau, dass ich keinen Cent wiedersehen werde, wenn ich einem Betrüger auf den Leim gehe.

Mir fällt daher ein Stein vom Herzen, als ich nach Monaten der Anspannung endlich in Mexiko ankomme, Ärzte und Klinikpersonal treffe und das Hospital mit eigenen Augen in Augenschein nehmen kann. Ein paar Kilometer nördlich der Grenze in den USA besitzt das kleine Krankenhaus mit gerade mal zwei Dutzend Einzelzimmern den Ruf einer zuverlässigen Klinik, in der Ärzte Operationen aller Art ausführen. Chronisch fettleibige Patienten kommen zur Magenverkleinerung, Frauen lassen sich wegen künstlicher Befruchtung behandeln. Das Krankenhaus bietet auch plastische Chirurgie an. Als letzter Punkt auf seiner Angebotsliste steht das spanische Wort «Transplante» für Transplantationen.

Zumindest auf dem Papier scheint alles möglich: Auf der Webseite offeriert das Krankenhaus Leber-, Herz-, Lungen-, Eingeweide- und Pankreasverpflanzungen. Aber am häufigsten kommen Nierentransplantationen vor, rund 70 000 bis 100 000 Nieren werden jährlich laut offiziellen Zahlen weltweit verpflanzt. Im grauen kommerziellen Sektor, so wird spekuliert, soll die Zahl etwa gleich hoch liegen.

Meine Hoffnung, dass die paar Tage von der Ankunft bis zur Transplantation reine Routine sein werden, entpuppt sich schnell als Illusion. Beim Röntgen läuft noch alles nach Plan, auch der Kardiologe in der kleinen Praxis an einer Straßenecke gibt nach einer Untersuchung seine Zustimmung für Raymond und mich. Mit einem Achselzucken nehme ich hin, dass die Zahnärztin die Gelegenheit nutzt, um mein komplettes Gebiss zu röntgen. Ich habe vor meiner Abreise extra meine Zähne überprüfen lassen. Trotzdem bestellt mich die mexikanische Zahnärztin gleich zweimal zur Reinigung der Zähne ein.

Ich meutere nicht, denn schließlich kenne ich die Praktiken des Medizintourismus dank einschlägiger Privatkrankenhäuser in Thailand. Zu relativ billigen Preisen werden im Vergleich zu Europa möglichst viele Untersuchungen angeordnet – auch wenn sie überflüssig sind.

Als am pfiffigsten entpuppt sich bei den Voruntersuchungen aber der Hals-Nasen-Ohren-Arzt. Bedenklich wiegt er seinen Kopf; er hat eine Zyste in einem Nasenflügel aufgespürt. Nun hängt er am Telefon und versucht meinen Nierenchirurgen zu überzeugen, dass sie vor der Transplantation unbedingt herausgeschnitten werden müsse. Mir schwant Böses. Der Mediziner beschreibt in dem falschen Glauben, ich spräche kein Spanisch, in schönsten Einzelheiten eine Prozedur, bei der er durch die oberen Knochen meines Gaumens bohrt, um an die Zyste in der Nase zu gelangen. Vier bis sechs Wochen, so posaunt der Arzt ins Telefon und lehnt sich selbstbewusst in seinem ledernen Lehnsessel zurück, würde es wohl dauern, um sich von der Operation zu erholen.

In meinem Kopf rattert die Rechenmaschine los. Vier bis sechs Wochen Hotelkosten für die Bekannten, die eigens zum Eingriff angereist sind. Dann kommt noch die Miete für mein eigenes Zimmer und das für Raymond hinzu. Die Zahlen auf meinem Bankkonto wechseln mit rasanter Geschwindigkeit von Schwarz nach Rot.

Viel schwerer als die Kosten wiegt freilich die Furcht, noch einmal eineinhalb Monate warten zu müssen – sechs

Wochen Dialyse, sechs Wochen voller Sorge, dass noch etwas anderes schiefgehen könnte. Zu allem Überfluss hat eine Mitarbeiterin des Krankenhauses mir erzählt, dass eine Patientin sechs Monate gewartet hat, bis sie endlich operiert werden konnte – ein halbes Jahr, das auch ihr Spender in der mexikanischen Stadt verbrachte.

Plötzlich verfinstert sich das Gesicht des Hals-Nasen-Ohren-Fachmanns. Mein Chirurg scheint ihn durchschaut zu haben oder zu kennen. Er lehnt eine Operation in meinem Nasenraum ab, und die beiden Ärzte einigen sich auf eine einwöchige Antibiotika-Kur. Ich kann wieder in meinen Hotelbungalow und darf nun eine Woche lang bangen, ob die angebliche Infektion in der Nase, von der ich nichts merke, abklingt. Das Zimmer ist mit der Klimaanlage angesichts der täglichen Außentemperaturen von bis zu 50 Grad Celsius ein ewiger Risikofaktor, und der Swimmingpool, der dank meiner Plastikkanülen im Hals tabu ist, erinnert mich rund um die Uhr an die Verlockungen des «fast normalen Lebens».

Jetzt aber ist der Moment gekommen, die Kehrtwende in meinem Leben. Als Journalist an ein unstetes Leben in aller Welt gewöhnt, habe ich die vergangenen sechs Monate zwischen Telefon und Internet in jeder freien Minute diesen Transplantationstermin organisiert. Jetzt bin ich endlich im OP und zittere auf der Bahre. Die Sekunden fühlen sich wie eine Ewigkeit an. Jetzt wird mir doch etwas bang vor meinem eigenen Plan. Die Zweifel werden stärker, und ich frage mich, ob ich die richtige Entscheidung getroffen habe.

Dabei ist es längst zu spät für einen Rückzieher. Das

Betäubungsmittel brennt in meiner Ader am Handrücken, dann umfängt mich Dunkelheit. Auf den Fotos von der Operation bin ich später ohne Atemmaske auf dem Operationstisch zu sehen. Der Anästhesist hat mit einer Lumbalbetäubung mein Nervensystem in Höhe der Lendenwirbel sozusagen abgeschaltet.

Doch das weiß ich noch nicht, als ich ein paar Stunden nach der Operation am frühen Nachmittag wieder in meinem Krankenhausbett aufwache. Als Erstes sehe ich eine ganze Batterie von Infusionsflaschen, die über meinem Kopf baumeln. Eine Krankenschwester, die wegen der hohen Infektionsgefahr einen Mundschutz und Schutzkleidung trägt, misst mit Latexhandschuhen an den Händen Blutdruck und Körpertemperatur. Der Chirurg steht am Bettende und überwacht die Arbeit der Krankenschwester. Jemand anders ist an einem Tisch damit beschäftigt, Medikamente zu sortieren. Meine Bekannten, ebenfalls vermummt, starren mich aus einer Zimmerecke an.

Sie scheinen noch gar nicht mitbekommen zu haben, dass ich aufgewacht bin. Es herrscht Hektik im Krankenzimmer. Ich will unbedingt wissen: Hat es geklappt? Ist die Niere drin? Funktioniert sie? Aber um mich herum sind alle so beschäftigt, dass ich mir regelrecht vergessen vorkomme. Mein Mund fühlt sich pelzig an, die Zunge klebt wie ein trockener Klumpen in meinem Mund. Endlich bemerkt der Arzt, dass ich wach bin. «Es hat gut funktioniert», sagt er, «keine Komplikationen.» Er führt meine Hand zu einem dicken Verband über der rechten Leiste. «Dort sitzt die neue Niere.»

Vorläufig kann ich nur die Kanülen spüren, die aus

meinem Leib zu den Plastikbeuteln führen, die neben dem Bett hängen. Der Arzt hebt einen Sack hoch. Er ist nicht sehr voll, aber der Arzt scheint zu triumphieren, als er den Beutel mit etwas gelber Flüssigkeit schwenkt. Es ist Urin. Der erste Urin seit Monaten. Mein Urin. Der erste Urin, den Raymonds Niere in meinem Körper produziert hat. «Die Niere funktioniert!» Ich hätte mir nie träumen lassen, dass Urin so glücklich machen kann.

Schließlich kann ich mich doch zu einer Frage aufraffen: «Wieso ist der Verband rechts?» Vor der Transplantation hatte der Chirurg immer auf meine linke Leiste als vorgesehenen Platz für die fremde Niere gezeigt. «Ich habe sie rechts eingepflanzt», sagt er. Nun bin ich überraschenderweise also ein Nierenrechtsträger. Aber die Körperseite spielt nun wirklich keine große Rolle – und ändern lässt sich das eh nicht mehr.

Ein paar Tage später schenkt der Arzt mir Dutzende von Fotos, die seine Assistentin während der stundenlangen Transplantation aufgenommen hat. Auf einem Bild kann ich das gute Stück bewundern, das mir zukünftig wieder ein fast normales Leben ermöglichen soll. Rosafarben und überraschend klein liegt Raymonds Niere säuberlich in Eis gepackt in einer sterilen Schale. Die Assistentin besitzt offenbar ein sicheres Gespür für Dramatik, denn sie hat ihre Digitalkamera auf Video umgestellt, als bei der Transplantation der entscheidende Augenblick gekommen ist: Die Klammern, die das Blut in den Adern gestoppt haben, die nun an die fremde Niere angenäht sind, werden gelöst. Das blasse rotbraune Organ füllt sich mit Blut, ändert die Farbe zu rosa und wird mit einem Herzschlag zum neuen Teil meines Körpers.

Während der kommenden Tage staune ich, wie schnell ich die Operation zu verkraften scheine. Schon einen Tag nach der Transplantation zwingt mich die Krankenschwester zu ein paar wankenden Schritten im Zimmer. Nach zwei Tagen schlurfe ich, das Gesicht hinter einer Maske verborgen, mit ihrer Unterstützung bereits den Flur entlang. «Ambulando bastante» – wandert genug umher – notiert sie säuberlich im Patientenbuch.

Am zweiten Tag nach der Operation klopft es plötzlich an der Tür. Raymond lugt neugierig ins Zimmer. Irgendjemand hat ihn in einen weiten Kittel gesteckt, der Mund ist hinter einer Maske versteckt, das Haar steckt unter einer Haube, die doppelt so groß ist wie sein Kopf. «Wie funktioniert meine Niere?», fragt er. Ich hangele nach dem Plastikbeutel, in den mein Urin fließt, hebe ihn an und antworte: «Gut!» Raymond, ganz der stolze Spender, strahlt über das ganze Gesicht.

Zwei Tage später werde ich entlassen und ins Hotel geschickt. Ich hatte mir in meinen wildesten Träumen nicht vorstellen können, dass ich so schnell aus dem Bett kommen würde. Der Arzt freut sich diebisch über meine schnelle Erholung. Wie zur Belohnung lädt er mich vier Tage nach der Transplantation zum Abendessen in ein japanisches Restaurant ein. Ich bestelle mir eine meiner Lieblingsspeisen: Sukiyaki-Suppe. Sie hat viel Flüssigkeit, viel Fleisch, viel Gemüse, ist ordentlich gesalzen und gepfeffert – kurzum, sie enthält alles, was ich während der vergangenen Monate nicht zu mir nehmen durfte. Die Hand, in der ich den Löffel halte, ist zwar noch etwas zittrig – aber ich habe auch vor 96 Stunden noch auf einem Operationstisch gelegen.

Nur mit dem Vollbad muss ich warten. Der Arzt will sichergehen, dass meine neue Niere gut funktioniert, bevor er die Kanülen entfernt. Daher mahnen sie wie zwei warnende Finger, dass es noch zu früh zum Jubeln ist, dass ich noch nicht aus dem Schneider bin. Es ist ein vorläufiger, kleiner Schönheitsfehler, mit dem ich leben kann, denn schon während des Abendessens beim Japaner wird mir klar: Dieses neue, fast normale Leben ist so schön!

Schlechte Karten

Der Anfang klingt weder beunruhigend noch übermäßig kompliziert oder gar bedrohlich. «Es wird eben eines der Zipperlein sein, von denen man mit zunehmendem Alter heimgesucht wird», denke ich, während der Arzt redet. Der Kreatininwert, der Medizinern Auskunft über die Filterfunktion der Nieren gibt, war schlecht ausgefallen. Eine Ultraschalluntersuchung sorgt für Klarheit, aber nicht für Aufregung. «Polyzystische Nieren» lautet die Diagnose, eine genetisch bedingte Krankheit. In beiden Organen machen sich inoperable Zysten breit und zerstören langsam, aber sicher die Funktionsfähigkeit der Nieren. «Das ist erst mal kein Grund zur Aufregung», beruhigt der Arzt, «häufig ist das ein schleichender Prozess. Viele Leute, die an polyzystischen Nieren leiden, müssen nie an die Dialyse.»

Da ist es, dieses Wort, das bei mir erstmals alle Alarmglocken klingeln lässt. Aber da der Mediziner mit keinem Wort die proteinarme Diät erwähnt, die deutsche Ärzte nach solchen Befunden oft empfehlen, gehe ich ziemlich entspannt nach Hause. Die Gelassenheit hält nicht lange an. Nach genau einem Vierteljahr stellt sich bei einer Nachuntersuchung heraus, dass meine polyzystischen Nieren anders planen, als ich irrtümlich geglaubt habe.

Statt sich mit einem schleichenden Niedergang zu begnügen, hat meine Nierenfunktion eine rasante Talfahrt angetreten. So dauert es nicht mehr lange, bis die Schallmauer, ein Kreatininwert von 3,0, erreicht ist. Normal sind Werte zwischen 0,7 und 1,4. Mein neuer Laborwert bedeutet: Meine Nieren haben längst mehr als die Hälfte ihrer Funktionsfähigkeit verloren. Sie leisten nur einen Bruchteil ihres Solls.

Mit den Kreatininwerten verändert sich meine Zeitrechnung. Statt Jahreszahlen geben plötzlich die Nierenwerte den Takt in meinem Leben vor. Wie in einem immer schneller werdenden Zug brause ich in eine Richtung, die mir gar nicht passt, aber nicht zu ändern ist. Irgendwann kommt dann der Tag, an dem mein Facharzt in Singapur auf das Blatt mit den Labortests vom Morgen blickt und erst mal gar nichts sagt. Stattdessen beugt er sich von seinem Drehstuhl zu meinen Füßen hinunter und prüft, ob sich Flüssigkeit an meinen Fußgelenken gesammelt hat. Er findet nichts – noch nichts. Doch das ändert nichts an dem Satz, von dem ich weiß, er ist unausweichlich.

«Ihre Nieren werden noch etwa zwei Jahre durchhalten», sagt der Arzt, «genau kann man nicht sagen, wie lange es noch dauern wird. Zum Schluss geht die Kurve häufig ganz schnell nach unten.» 24 Monate bleiben mir im günstigsten Fall also noch. Dann droht der ganz persönliche Albtraum Wirklichkeit zu werden, der mich bereits seit meinem 19. Lebensjahr verfolgt. Ich steuere, sofern kein Wunder geschieht und keine Alternative auftaucht, auf eine Behandlung an der Dialyse zu. Ich werde auf die Maschine angewiesen sein, um den Tod ein paar Jahre hinauszuzögern.

Ich hatte im Frühjahr mein Abitur abgelegt und wie damals jeder anständige rebellische Schulabgänger vorerst erfolglos den Kriegsdienst verweigert, als ein Bescheid ins Haus flattert. Ich müsse, wie jeder Studienanfänger entsprechend der damals geltenden Regel für alle Erstsemester, meine Lunge röntgen lassen. So standen wir albernd in einer langen Warteschlange vor dem ambulanten Röntgenwagen vor der Kölner Universität, während ihr Namensgeber Albertus Magnus von einer Bronzestatue über uns hinwegstarrte. Mir persönlich verging das Lachen freilich bald. Auf dem Röntgenbild erschien hinter meinem Brustbein ein Schatten. Ich war gerade 19 Jahre alt geworden.

Ein Lungenspezialist fand schnell heraus, dass ich kein Problem an den Atemwegen hatte. Ich litt vielmehr an einer schmerzlosen, frühen Stufe der Lymphogranulomatose, auch Hodgkin-Krankheit. Es handelt sich um eine Art von Lymphknotenkrebs. Der Schreck saß tief, denn damals bedeutete das Wort Krebs meistens noch ein Todesurteil. Ich hatte jedoch Glück. Anfang der siebziger Jahre war dies eine der wenigen Krebsarten, die Ärzte erfolgreich behandeln konnten. Innerhalb weniger Tage war Schluss mit Universitätsseminaren und Studentenkneipen, stattdessen bezog ich für viele Wochen ein Bett in einer Kölner Klinik. Die Milz wurde entfernt, und anschließend folgte eine sechsmonatige Bestrahlungstherapie.

Es war keine angenehme Zeit. Die unsichtbaren Strahlen, mit denen mein Lymphsystem bombardiert wurde, verursachten Appetitlosigkeit und Übelkeit. Ich schlief mehr, als ich wach war. Dennoch war ich während meiner hellen Momente überzeugt, dass mein Problem im Vergleich zu anderen Patienten auf der gleichen Station reines Zuckerschlecken war.

Sie schlurften mit gelblicher Hautfarbe und ausgetrockneten Lippen über die Flure zu einem Raum, in dem sie für Stunden zur Dialysebehandlung verschwanden. «Rauchen ist das Einzige, was mir noch bleibt» – dieser Satz eines Patienten ist mir bis heute in Erinnerung. Er stammte von einem völlig verschrumpelt aussehenden Mann, zwischen dessen trockenen Lippen fast immer eine filterlose schwarze Gauloise klemmte.

Sie war seine trotzige Antwort auf die Anweisung der Ärzte, die Glimmstängel aufzugeben – und ein ziemlich hilfloser Versuch, seinem Leben noch etwas Freude abzugewinnen. Ich sah den Mann nie wieder. Aber so unsinnig es sein mochte, an den Gauloises fest zu halten, so sehr konnte ich ihn verstehen. Kein Spaß mehr außer ein paar Zigaretten am Tag! Seit dieser Begegnung mit dem Patienten im längsgestreiften Bademantel steht Nierenversagen und Dialysebehandlung in meinem Kopf als Synonym für Einschränkungen, strenge Diät und freudloses Leben. Just diese Perspektive, diese Horrorvision aus meinen Studententagen, wird plötzlich zu Wirklichkeit.

Ich kann mich nicht erinnern, ob ich bei dem Satz des Arztes erbleichte oder ein Pokerface machte. Aber das Wort «Schnaps» schießt mir durch den Kopf. Ich brauche einen Cognac zur Beruhigung, denke ich mir. Dabei kommt die Diagnose alles andere als überraschend. Ich bin seit Jahren vorgewarnt; ich weiß schon lange, das ich mit einer Art Galgenfrist lebe, und mir ist völlig klar, dass häufig auftretende Symptome wie geschwollene Füße, Apathie, Müdigkeit und Kurzatmigkeit nicht alleine eine Folge der zunehmenden Verkalkung meines Herzens und meiner Adern sind.

Ich weiß, dass der Verfall meiner Nieren unaufhaltsam ist, und finde Zuflucht bei der Lebensgeschichte von Roger Ebert, dem berühmtesten Filmkritiker der USA. Sein Name fällt mir zufällig auf, nachdem er an Krebs erkrankt war. Hollywood fürchtete und respektierte den wortgewaltigen Ebert wegen seiner messerscharfen Urteile, und das US-Publikum vertraute Roger Ebert wie keinem anderen Filmkritiker. Wenn der Mann, der seine journalistische Laufbahn bei der Chicago Tribune startete, den Daumen über einem Film senkte, konnten die Produzenten in Kalifornien den Streifen sofort als Verlust verbuchen.

«You play the cards you're dealt», sagte der Filmkritiker nach seiner Krebsdiagnose: «Man spielt mit den Karten, die einem gegeben werden.» Er wollte sich nicht unterkriegen lassen, obwohl die Folgen seiner Erkrankung sein erfolgreiches Leben auf den Kopf stellten. Nach einer Operation an der befallenen Schilddrüse gab es Komplikationen. Ebert verließ das Krankenhaus mit Operationsnarben, die sein Gesicht entstellen.

Am schlimmsten wog, dass er nur noch mit großer Mühe sprechen konnte. Plötzlich gehörten Auftritte in seiner eigenen, nach ihm benannten Fernsehsendung der Vergangenheit an. Die «sprechende Filmfibel» der USA verlegte sich während der letzten Jahre seines Lebens wieder mehr auf seine alten Stärken und schrieb für seine Zeitung Chicago Tribune. Getreu seinem Motto blieb Ebert Beruf und Berufung bis zu seinem Tod im April 2013 treu und schrieb, solange er klare Gedanken fassen konnte.

Jeder Schwerkranke muss irgendwann entscheiden, wie er mit seinem gesundheitlichen Problem umgehen soll.

Er kann die Krankheit in den Mittelpunkt seines Lebens rücken. Er kann versuchen, seine Gesundheitsprobleme zu ignorieren. Diese Option dürfte freilich in den meisten Fällen wegen der Auswirkungen eine Illusion bleiben. Oder man degradiert wie Ebert die Krankheit zu einer Art Lebensabschnittspartnerin: eine nicht besonders geliebte ständige Begleiterin, die man zwar nicht verachtet, gezwungenermaßen respektiert und bewusst in die zweite oder dritte Reihe abschiebt.

Nierenversagen erlaubt diese letzte Option nur in begrenztem Maß. Der Dialyserhythmus, der Patienten alle zwei, spätestens drei Tage stundenlang auf die Liege neben der Blutwaschanlage zwingt, diktiert sowohl den Alltag wie den persönlichen Bewegungsradius. Jeder Ausflug, jede Reise über längere Entfernungen muss sorgfältig wie eine Expedition geplant und vorbereitet werden. Es gibt heutzutage Dialysezentren in der ganzen Welt, bei denen man mit ein paar Wochen Anlaufzeit Blutwäschetermine buchen kann wie anderswo einen Hotelaufenthalt oder eine Massage.

Dennoch steht für mich schon lange vor jenem Arztbesuch in der Praxis im südostasiatischen Stadtstaat Singapur fest, dass ich, um mit Ebert zu sprechen, ziemlich miese Karten in der Hand halte. Die Dialyse, daran gibt es nichts zu rütteln, bedeutet das endgültige Ende des Lebens, wie ich es während der vergangenen Jahrzehnte geführt hatte.

Damals, im Alter von 19 Jahren, schwor ich mir schon vor dem Ende der Strahlenbehandlung, mein restliches Leben in vollen Zügen zu genießen. Schließlich konnte ich nicht abschätzen, ob ich geheilt würde. Wie ein Damoklesschwert schwebte in den ersten Jahren zudem die Möglichkeit über mir, dass die Krankheit wieder auftreten könnte.

Während der Wochen im Krankenhaus und der Monate der Strahlentherapie setzte ich mir Ziele. Abenteuer sollten zu meinem Leben gehören, Liebesaffären und Tragödien. Ich wollte alles einmal ausprobieren. Die Gegenwart musste für mich wichtiger bleiben als die Zukunft und die Vergangenheit. Ich wollte heute etwas erleben, weil ich nicht wissen konnte, ob es morgen noch möglich sein würde. Vor allem steht für mich seit damals fest: Ich würde nie zulassen, Gefangener meiner Krankheit oder Gebrechen zu werden.

Es ist mir weitgehend geglückt, dieses Leben zu führen. Mehr noch: Dieser Lebensstil wurde im Laufe der Jahre zur Gewohnheit. 1980 packte ich meinen Rucksack und gurkte mit der Transsibirischen Eisenbahn auf die pazifische Seite Asiens. Über Japan, Hawaii und Los Angeles ging die Reise weiter nach Mittelamerika. Mein Ziel war Nicaragua, das nach dem Sturz der Somoza-Diktatur im Jahr 1979 von den revolutionären linksgerichteten Sandinisten regiert wurde.

Ich ließ mich in Managua nieder und berichtete zehn Jahre lang als Journalist über den von den USA angezettelten Krieg der Contras gegen die Sandinisten. Ich schrieb über die Bürgerkriege in El Salvador und Guatemala. Ich saß in El Salvador einem früheren Mitglied der baskischen Untergrundorganisation ETA gegenüber, als US-Präsident Ronald Reagan die US-Invasion in Grenada anordnete.

Ich stöberte bei tagelangen Flusstouren im Urwald des mexikanischen Bundesstaates Chiapas guatemaltekische Indios auf, die vor der blutrünstigen Diktatur des Generals

Efraín Ríos Montt flohen. Ich marschierte tagelang zu Fuß durch den Urwald des Darién Gap von Panama nach Kolumbien, der bis heute Süd- von Mittelamerika trennt. Ich traf in der kolumbianischen Stadt Medellin Sicarios; diese Auftragsgangster verlangten damals mehr Geld für den Diebstahl eines Autos als für den Mord an einem Menschen, weil das Risiko, erwischt zu werden, größer war.

Von 1990 bis 1995 berichtete ich aus Südafrika über das Ende der Apartheid und den mühsamen, oft blutigen Anfang der Demokratie am Kap der Guten Hoffnung. Ich war während des hunderttausendfachen Völkermords in Ruanda unterwegs und besuchte das chaotische Somalia. Als Korrespondent in Asien schrieb ich aus Afghanistan vor, während und nach der Herrschaft der Talibanmilizen am Hindukusch. Ich war im zweiten Irakkrieg an der Front im Norden des Landes, und ich gehörte zu den ersten Journalisten, die 2004 direkt aus den vom Tsunami verwüsteten Küstenlandstrichen in Südostasien über die verheerende Katastrophe berichteten.

Das alles soll nun endgültig vorüber sein. Statt ein spannendes und abwechslungsreiches Leben als Krisen-, Kriegs- und Auslandsreporter zu führen, soll ich wegen ein paar inoperabler Zysten in meinen Nieren sesshaft werden und alle paar Tage stundenlang an der Dialyse hängen.

Ich habe in meinem ganzen Leben nie einen festen Job gehabt und bin immer als freier, selbständiger Journalist durch die Welt gezogen. Das Rentenalter liegt noch in weiter Ferne. Dennoch soll Schluss sein. Aber ich kann mich einfach nicht als Mensch sehen, der von dieser Maschine versklavt wird.

Bis Ende der neunziger Jahre lebte in Singapur der Korrespondent Jürgen Dauth, der lange aus Südostasien für deutsche Zeitungen berichtete. Auch er war wegen Nierenversagen auf die Dialyse angewiesen. Dauth, von Hause aus Theologe, zog etwa ein Jahr vor seinem Tod nach Hongkong um. Er wollte im neunten Jahr der Dialysebehandlung, so erklärte er mir, noch einmal etwas Spaß haben. Nach ziemlich genau zehn Jahren Dialysebehandlung starb Jürgen Dauth.

Genau dieses Schicksal blüht nun auch mir.

Mein Nierenarzt in Singapur weiß wenig über meine persönliche Vorgeschichte. Meine Lebensumstände kann er sich nur schwer vorstellen. Für ihn bin ich ein Routinefall von vielen. Nachdem er mir die Galgenfrist von zwei Jahren verkündet hat, drückt er mit routinierter Betriebsamkeit auf die Tastatur seines Computers. Der Drucker spuckt einen Haufen Merkblätter aus. Es gibt Informationen über die Folgen des Nierenversagens und Behandlungsmöglichkeiten; Nierentransplantationen werden ebenso erörtert wie verschiedene Dialyseoptionen und Ernährungsratgeber.

Die Sprechstundenhilfe betritt mit einem wahren Berg von Medikamenten das Zimmer – Phosphatbinder, Blutdrucksenker, Cholesterolsenker. Dieser Pillensalat soll helfen, die schlimmsten Folgen der schlechten Nierenfunktionen zu mildern und zu überbrücken. Aber ein Mittel, das die Ausbreitung der Zysten verhindert, befindet sich nicht in den Medikamentenschachteln. Es gibt sie einfach nicht. Operationen helfen ebenfalls nicht. Meine Krankheit ist unheilbar – und im Gegensatz zu Krebs und Herzattacken kennt sie kaum jemand. Ich packe die Medikamente in zwei Plastiktüten und will mich verabschieden. «Bevor ich es vergesse», sagt der Arzt in einem Ton, der eine weitere Hiobsbotschaft anzukündigen scheint, «es wäre übrigens am besten, wenn Sie eine Nierentransplantation vornehmen lassen würden, bevor die Nieren endgültig versagen und bevor Sie an die Dialyse müssen.»

Der Mann hat ein sonniges Gemüt. Ich habe noch nicht völlig verkraftet, dass mir in rund zwei Jahren die Verwirklichung meines Albtraums bevorsteht, und dieser Mediziner, ein Singapurer chinesischer Abstammung, verhält sich, als sei eine Transplantation die normalste Sache der Welt. Es scheint ihm gar nicht in den Sinn zu kommen, dass eine Organverpflanzung in einem Fall wie dem meinen alles andere als selbstverständlich ist. Er unterhält neben seiner Praxis in einem Ärztehochhaus neben einem bekannten Krankenhaus auch ein Dialysezentrum, und er weiß, mit welcher Verzweiflung und Entschlossenheit viele seiner Patienten nach Spendernieren suchen. Sein Ruf ist längst über die Grenzen Singapurs hinaus gedrungen, und seine Praxis hat sich deshalb im Laufe der Jahre zu einer Anlaufstelle für Nierenpatienten aus Indonesien, Indien und Bangladesch entwickelt.

Dank regelmäßiger Transplantationen und Schulungen gehört mein Arzt zu der Gruppe von Spezialisten in Singapur, die in ganz Asien wegen ihres Erfahrungsschatzes im Operationssaal und bei der Behandlung von Nierenpatienten einen hervorragenden Ruf genießen. Der Stadtstaat gehört zu den wenigen Ländern der Welt, in denen «blutgruppeninkompatible Nierenverpflanzungen» vorgenommen werden. In Deutschland entwickelt, ermöglicht das technisch aufwendige und teure Verfahren Transplantationen selbst bei Patienten, deren Blutgruppen nicht übereinstimmen.

Immer wieder wird mein Spezialist vom Ethikrat Singapurs befragt, der über die Genehmigungen für Transplantationen entscheidet. Er ist also ein Profi. Aber bei der Suche nach einer Niere für mich kann oder will der Mediziner nicht helfen. Später, als ich mich für oder gegen eine Transplantation entscheiden muss, wird er mich mit einem Satz überzeugen: «Mit einer fremden Niere können Sie heutzutage ein fast normales Leben führen.»

«Finden Sie einen Freund in Thailand», lautet sein einziger Rat auf meine Frage, wo und wie ich einen Spender auftreiben könne. Dann druckt er schnell noch einen weiteren Merkzettel aus. Der Titel: «Criteria for Live Donor» – Kriterien für Lebendspender. Sie gelten für Singapur, unterscheiden sich aber bis auf wenige, minimale Abweichungen kaum von den Bedingungen in anderen Teilen der Welt. Der Lebendspender, so steht da, müsse von gesundem Verstand und in der Lage sein, die medizinische Prozedur zu verstehen. Er müsse fähig sein, nach einer Spende auf seine Gesundheit zu achten. Ein Spender müsse seine Organe freiwillig und ohne Zwang zur Verfügung stellen. Er dürfe für seine Spende nicht bezahlt werden. Vermittler sind verboten. Falls ich einen Spender fände und die Transplantation in Singapur vornehmen lassen wolle, rät mir der Arzt, solle ich unbedingt viele Fotos und ähnliche Beweise sammeln. Es geht um Belege dafür, dass ich meinen «Freund» schon lange kenne. Je mehr Nachweise dieser Art ich vorlegen kann, umso einfacher lässt sich Singapurs Ethikrat überzeugen.

Da stehe ich nun, bepackt mit meinen Plastiktüten voller Medikamente und einem Haufen Informationsblätter. Ich bin ratlos, denn meine Bilanz sieht ziemlich hoffnungslos aus. Die Nieren werden bald nicht mehr funktionieren. Ich habe keinen Spender. Ich habe auch keinen blassen Schimmer, wo und wie ich eine Spenderniere auftreiben kann. Miese Karten, würde Ebert sagen. Aber das hilft mir auch nicht weiter.

Sicher ist vorerst nur, dass ich dank meines gesundheitlichen Problems bald ein Gefangener meiner Krankheit sein werde. Jahre später wird bei einem Gespräch die Ehefrau eines Mannes, der nach zwölf Jahren Wartezeit eine neue Niere erhielt, die Dialysebehandlung ihres Gatten einmal als «geschenktes Leben» bezeichnen. Es ist ein Geschenk, auf das ich liebend gerne verzichten würde.

Ich habe als 19 Jahre alter Jüngling zwar beschlossen, nie Gefangener meiner Krankheit zu werden. Aber je mehr ich mich mit den praktischen Seiten eines Lebens an der Dialyse vertraut mache, umso deutlicher wird, dass die versagenden Nieren nicht nur gesundheitliche Folgen haben. Was ich will, zählt nicht mehr. Viel entscheidender ist plötzlich, was ich überhaupt noch kann.

Fest steht: Ohne Dialysebehandlung werde ich bald sterben, wenn die Nieren erst einmal versagen. Die Dialyse verlängert ein Leben um Jahre. Aber es sind Jahre, in denen Patienten zwischen Hoffnung und Verzweiflung zerrissen werden. Die Universitätsklinik Freiburg spricht diesen Gegensatz auf ihrer Webseite zum Thema Nierenversagen deutlich und eindrücklich, ja fast brutal aus. «Es ist keine Frage, dass die Nierentransplantation die beste Behandlung einer terminalen Niereninsuffizienz ist», heißt es da, «die Überlebensraten, die Gesundheit und die Lebensqualität transplantierter Patienten sind deutlich besser als die von Dialysepatienten. In Deutschland herrscht jedoch ein großer Mangel an Spenderorganen, die mittlere Wartezeit auf eine Spenderniere beträgt derzeit über 5 Jahre. Große Studien konnten zeigen, dass der Erfolg einer Transplantation umso besser ist, je früher transplantiert wird. Viele Patienten auf der Warteliste werden nie transplantiert, da sie vorher versterben oder nach jahrelanger Wartezeit zu krank sind, um transplantiert werden zu können.»*

Es war mir noch gar nicht in den Sinn gekommen, dass die Dialysebehandlung im Grunde ein Wettlauf gegen die Zeit ist. Je schneller ich also einen Spender auftreibe, umso größer ist die Chance auf «ein fast normales Leben». Die E-Mail einer Bekannten, die plötzlich in meinem Postfach eintrudelt, stößt mich freilich mit der Nase auf die andere Seite solcher Überlegungen.

Sie hatte über Freunde von meinen Nierenproblemen gehört und beschlossen, ungefragt zu helfen. Kurzerhand fragt sie per Mail einen Spezialisten in den Niederlanden nach Behandlungs- und Transplantationsoptionen. «Die Situation Ihres Freundes», so antwortet der Nierenspezialist, «wünscht man niemandem. Sie ist wirklich mies. Ich rate ihm, sich so schnell wie möglich auf die Eurotransplant-Liste eintragen zu lassen. Das ist der beste Weg.»

Das Schreiben ist ein Wink mit dem Zaunpfahl. Ich soll mich, so rät der Professor, auf alle Fälle zu den Men-

---

* http://www.uniklinik-freiburg.de/nephrologie/live/
Transplantationszentrum/ABOinkompLS.html

schen gesellen, die auf irgendeiner Warteliste stehen. Zusammen mit Tausenden von anderen Patienten weltweit soll ich Tag für Tag und Nacht für Nacht auf den erlösenden Telefonanruf warten, der einen von uns Dialysepatienten zur Organverpflanzung in die Klinik einbestellt.

In Österreich, Belgien, Kroatien, Deutschland, Ungarn, Luxemburg, Slowenien, in denen die Stiftung Eurotransplant Transplantationen zwischen verstorbenen Spendern und Empfängern koordiniert, stehen jährlich durchschnittlich 16 000 Patienten auf der Warteliste für eine Organverpflanzung. Manche von ihnen warten Jahre, andere Monate. Es gibt Patienten, die nie den erlösenden Anruf aus einer Transplantationsklinik erhalten, der neue Hoffnung gibt. Viele warten vergeblich, so teilt die Universitätsklinik Freiburg glasklar auf der eigenen Webseite mit. Sie sind nach Jahren der Dialysebehandlung so krank, dass Ärzten das Risiko einer Transplantation zu groß erscheint.

Am Anfang halten viele Dialysepatienten, die auf der Warteliste stehen, noch eine fertig gepackte Reisetasche bereit, um jederzeit aufbrechen zu können. Mit jedem Tag, den das Gepäck in einer Ecke verstaubt, verkalken die Adern ein wenig mehr. Im Herz setzt sich an den Herzklappen Kalzium ab und behindert die Pumpleistung. Jeden Tag schrumpft die Hoffnung ein wenig. Im Sommer steigt die Zuversicht, weil wegen vieler Motorradunfälle die Anzahl potenzieller Spender sprunghaft nach oben klettert. Und wie eine Stichflamme lodert plötzlich Resignation auf. Die Reisetasche wird zum Symbol für den Gemütszustand. Zuerst steht sie griffbereit im Wohnungsflur. Dann landet sie irgendwo im Schrank. Irgendwann wird die Tasche wieder ausgepackt.

Manche Patienten konvertieren zum Aberglauben. Je besser sie vorbereitet sind, glauben sie, umso unwahrscheinlicher sei der erlösende Anruf. Andere Nierenkranke sind überzeugt, sie müssten bestens gerüstet sein, weil sich die Klinik sonst nie mit der Nachricht melden würde, es sei ein Spender gefunden worden. Gemeinsam ist allen das Handy, das immer aufgeladen ist, nie ausgeschaltet und nie aus den Augen gelassen wird.

Es ist ein Leben zwischen Hoffen und Bangen. Bei Transplantationen von Spenderorganen, die von Verstorbenen stammen, zählt jede Minute. Sie sollten innerhalb weniger Stunden über die Bühne gehen, nachdem das Organ entnommen wurde. Wer zu weit weg von seiner Klinik ist, wenn der Anruf kommt, verpasst seine Chance.

Nierenpatienten müssen im Durchschnitt fünf Jahre warten. 7357 Patienten, nicht einmal die Hälfte der Patienten auf der Warteliste, erhielten im Jahr 2012 laut der Webseite von Eurotransplant ein fremdes Organ. Für jedes Spenderorgan finde man einen Empfänger, brüstet sich die Stiftung, die alle Organverpflanzungen im Eurotransplant-Staatenverbund mit 135 Millionen Einwohnern koordiniert. Aber die Zahlen zeigen eben auch, dass längst nicht jeder Patient ein Organ erhält, der eines braucht.

Die Skandale um Mauscheleien, mit denen Ärzte mancher deutschen Klinik ihre Patienten auf der Warteliste nach oben schoben, schmälerten laut Statistiken zumindest in Deutschland die Spendenbereitschaft. Die Reaktion ist ebenso verständlich wie absurd, denn je geringer die Zahl der Spender, desto länger die Wartezeit bei Eurotransplant – und vor allem desto größer die Versuchung für Patienten, mit ärztlicher Hilfe die Warteliste auszutricksen oder auf eigene Faust einem Lebendspender Bargeld für eine Niere auf den Tisch zu blättern, sofern es finanziell möglich ist.

Ich fühle mich mit meinem Nierenproblem zwischen allen Stühlen. In Asien, wo ich aus beruflichen Gründen lebe, gibt es auf offiziellem Weg keine Chance auf ein Spenderorgan. Aus der Verwandtschaft kommt niemand als Organspender in Frage. Wenn ich mich auf die Warteliste bei Eurotransplant setzen lassen und vertrauen will, muss ich meinen Beruf als selbständiger Journalist an den Nagel hängen. Ich wäre gezwungen, wieder eine Bleibe in Deutschland, zumindest aber in Europa zu suchen und habe keine Vorstellung, wovon ich leben soll. Vor allem muss ich aber bereit sein, bei einer Organlotterie mit ungewissem Ausgang mitzuspielen.

Die Laborberichte mit schlechter werdenden Kreatininwerten in der Hand, den vom Arzt genannten Zeitraum von zwei Jahren im Kopf und eine zeitlich beschränkte Zukunft von etwa zehn Jahren an der Dialyse vor Augen, stelle ich fest, wie schnell sich meine moralischen und ethischen Vorbehalte in Luft auflösen.

Dabei bin ich jahrelang als Journalist mit erhobenem Zeigefinger durch die Welt gelaufen. Ich habe Verletzungen von Menschenrechten angeprangert, korrupte und menschenverachtende Politiker sind in meinen Artikeln gnadenlos zerrissen worden. Ich habe mich über die mangelnde internationale Bereitschaft erregt, Menschen in Not in Afrika, Asien oder Lateinamerika zu helfen.

In meinem Archiv stapeln sich die Berichte, die ich seit Jahren über Organhandel in der Dritten Welt gesammelt habe. Da liegt der Bericht aus dem Dorf Kalai in Bangladesch, in dem Bauern ihre Nieren verkaufen. Sie hoffen, mit dem Geld Mikrokredite zu tilgen, die sie eigentlich aus der Armut führen sollen, ihnen aber über den Kopf gewachsen sind.

Ich bin auf Berichte gestoßen, laut denen auf den Philippinen der Volksmund eine Insel in der Nähe der Hauptstadt Manila «Isla Walang Bato» nennt, die «Nierenlose Insel». Viele Bewohner haben eines ihrer Organe an Patienten aus den arabischen Golfstaaten verkauft.

Auf dem «Nieren-Basar» von Pakistan, auf dem jährlich laut Schätzungen der Weltgesundheitsorganisation WHO etwa 1500 Nieren verkauft werden, tragen viele Männer eines christlichen Viertels namens Youhanabad am Stadtrand von Lahore die lange Narbe über der Hüfte, die nach einer Nierenentnahme bleibt. Aus Ho-Chi-Minh-Stadt weiß ich, dass Vietnamesen vor manchen Krankenhäusern ihre Niere auf einem Schild aus Pappkarton angeboten haben, bis die Polizei einschritt. Außerdem gab es viele Berichte von Spendern, die von Agenten um die vereinbarte Summe geprellt worden sind. Die Option «Niere gegen Geld» würde mich also direkt in eine ziemlich schmutzige Szene führen.

In den Jahren zuvor beschäftigte ich mich angesichts der sich stetig verschlechternden Kreatininwerte recht zaghaft mit der Frage, welchen Weg ich nehmen soll. Mit der Familie, Freunden, Bekannten oder gar Kollegen wollte ich die Angelegenheit nicht diskutieren. Der Konkurrenzkampf in meinem Gewerbe ist hart, und die Medienkrise der vergangenen Jahre hat ihn noch verschärft. Eine sichtbare Schwäche, so meine Sorge, könnte meine berufliche Stellung ins Wanken bringen. Wie auch immer ich mich entscheiden würde, eines stand fest: Ich musste sparen, weil ich eine ansehnliche Summe Geld benötigen würde, wenn ein Arzt erst einmal die Diagnose «finale Niereninsuffizienz» verkündete.

Die wenigen Versuche, mein Problem mit anderen Menschen zu besprechen, enden frustrierend. Jeder schwört Verschwiegenheit, doch kaum jemand, den ich einweihe, schafft es, sein Versprechen zu halten. Von europäischen Ärzten wiederum kann ich aus legalen Gründen keine anderen Antworten erwarten als die des niederländischen Spezialisten, der mir zur Anmeldung bei Eurotransplant rät. Ein ehemaliger katholischer Priester in Bangkok, der aus Ärger über den Vatikan seinem Job abschwor, wiederholt all die Bedenken über Organhandel und Ausbeutung von Spendern, die ich bereits aus Zeitungen und dem Internet kenne. Andererseits weiß ich, dass viele Europäer, die bei Eurotransplant auf ein Spenderorgan warten, liebend gerne Bargeld für eine Transplantation auf den Tisch legen würden – wenn sie die nötigen Mittel hätten. Bis heute höre ich von Nierenpatienten oft den Satz: «Das kann ich mir wahrscheinlich nicht leisten.»

Ich persönlich muss mir dagegen bald in aller Ehrlichkeit eingestehen, dass ich nur eine Scheindebatte mit mir selbst führe. Der immense Horror vor dem Leben an der Dialyse und die Furcht vor einer jahrelangen Wartezeit sind so gewaltig, dass die moralische Dimension des Nierenkaufs bei meiner inneren Abwägung regelmäßig unterliegt. Das wird mir spätestens an dem Tag klar, als eine asiatische Bekannte schlicht sagt: «Zuerst muss man an sich selbst denken.» Das ist der Satz, den ich hören will. Ich beschließe, mich auf die Suche nach einem Spender zu machen.

VIP-Suite
im Polizeihospital

Das Gebäude stammt aus den Jahren des thailändischen Wirtschaftsbooms vor einem Vierteljahrhundert. Die verschnörkelten Gipsfassaden haben unter dem tropischen Klima Bangkoks gelitten und sind mit Grünspan überzogen. Der Beton einiger Pfeiler an der Fassade ist zerbröckelt. Nur das Skelett aus Baustahl hält die nutzlose und hässliche Dekoration noch aufrecht. Auf dem Parkplatz steht eine brandneue Luxuslimousine deutscher Herkunft mit verdunkelten Scheiben. Der Chauffeur raucht mit einigen Kollegen aus der Nachbarschaft eine Zigarette im Schatten wuchernder Büsche. Der Haupteingang des vierstöckigen Gebäudes wurde vor Jahren zugemauert.

Auch der Hintereingang hat schon bessere Tage gesehen. Im Treppenhaus fehlt die eine oder andere grauweiße Fliese, das Geländer braucht dringend einen Anstrich. Aber ich bin nicht hier, um mir die miese Bausubstanz aus der Zeit anzusehen, als in Thailand alles schnell gehen musste und das Reduzieren von Baustandards allgemein akzeptiert war. Ich besuche das Gebäude auf der Suche nach einer Möglichkeit, die Wartezeit auf eine Ersatzniere zu verkürzen. Der Besitzer der glitzernden Limousine sitzt hier im Büro Nummer 12. Dr. Poh (Name geändert), so ist mir gesagt worden, kann mir bei der Suche nach einer Niere helfen. Er ist an diesem Tag meine große und einzige Hoffnung.

Die Eingangstür klemmt ein wenig, aber die Empfangsdame grüßt freudestrahlend. «Da sind Sie ja schon», sagt Khun Yechiela. Mit Hilfe des Mobiltelefons hat sie in der vergangenen Stunde den Taxifahrer mit seinem rosafarbenen Toyota durch die verwinkelten Gassen neben der Rama-9-Straße in Thailands Hauptstadt gelotst. Die Gegend sollte im Jahr 1997 gerade neu erschlossen werden, als Thailand dank massiver Auslandsverschuldung die asiatische Wirtschaftskrise auslöste. Jetzt stehen unkrautüberwucherte Bauruinen neben billig zu mietenden Gebäuden mit Bauelementen in kitschigem Zuckerbäckerstil.

Empfangsdame Yechiela thront hinter einem grauen Metallschreibtisch neben einem Berg zerknüllter Papiertaschentücher. Dr. Pohs Assistentin, Sekretärin und Pfadfinderin im Labyrinth von Bangkok, hat sich eine gewaltige Erkältung eingefangen, ihre Nase ist knallrot. Ein Seidenschal schützt sie vor dem kalten Luftstrahl, der aus den Düsen der Klimaanlage direkt in ihren Nacken bläst. Die Architekten haben offenbar keinen Schnupfen eingeplant, als sie den fensterlosen Büroraum entwarfen. Aber Yechiela macht auch keine Anstalten, das Thermostat höher zu stellen, um das eiskalte Zimmer etwas aufzuwärmen.

Schon kurz nach meiner Ankunft fange ich ebenfalls an zu frösteln. Ich versuche vergeblich, die Gänsehaut auf meinen Armen wegzureiben, und schaue mich um. Das Büro gleicht einem Gemischtwarenladen. Neben zwei ausladenden Wartesesseln aus froschgrünem Kunstleder stapeln sich drei 50-Kilo-Säcke mit Reis. Aus einem Plastikbeutel schauen Stücke geflochtener Bastmatten hervor. Tüten mit thailändischem Müsli liegen neben einem braunen Haufen – es sind geröstete, fingerkuppengroße Insekten, die manche Thailänder als Leckerbissen verzehren. «Alles Warenproben», sagt die Sekretärin, als sie meine Blicke sieht, «wir handeln mit allem.»

Zur Gemischtwarenpalette gehören nicht nur geröstete Insekten, sondern angeblich auch menschliche Nieren für Transplantationen. Ich will herausfinden, ob meine Informationen richtig sind. Yechielas Boss ist Arzt, das steht fest, sein Name ist wahrscheinlich ein Spitzname. Das Skalpell schwingt der gelernte Mediziner auch schon lange nicht mehr. Dr. Poh tauschte seinen Arztkittel gegen elegante dunkle Anzüge, die Uniform von Händlern und Managern. Der erste Eindruck bestätigt: Dr. Poh scheint sich für kein Geschäft und keinen Handel zu schade zu sein.

Ein Bekannter, der in Bangkok im Gesundheitsbereich arbeitet und von meinem Nierenproblem weiß, hat den Namen des thailändischen Arztes von einem Patienten aus dem Nahen Osten erfahren. Er traf den Mann, nachdem er mit Hilfe von Dr. Poh nach China gereist war, um sich dort eine fremde Niere transplantieren zu lassen. Mein Bekannter traf den Patienten bei der medizinischen Nachsorge in der Privatklinik in Bangkok, in der er arbeitet.

Ich habe trotzdem ein paar Wochen benötigt, um Dr. Poh aufzuspüren. Neben seinem Namen kannte ich zunächst nur die Klinik, in der er tätig sein soll, aber alle Anrufe bei diesem Krankenhaus in Bangkok versanden im Wirrwarr unzähliger Nebenstellen. Kurzentschlossen und frustriert fahre ich schließlich zur Klinik auf der rechten Seite des Flusses Chao Phraya.

Doch hier, nur ein paar hundert Meter vom angesehenen Siriraj-Krankenhaus mit seiner Spezialabteilung für die Behandlung von König Bhumibol, kommt mir erst einmal Thailands Respekt für Hierarchien in die Quere. Dr. Poh ist schließlich nicht irgendein einfacher Arzt in der Klinik, in der sich überwiegend Thailänder behandeln lassen. Der Mann, mit dem ich sprechen will, gehört zur Klinikleitung. Wer in der Firmenstruktur so weit oben sitzt, gilt beim Personal als eine Art Halbgott. Jedenfalls ist er vom Rest der Menschheit offenbar so weit entfernt, dass jeder auf Distanz gehalten wird, der einen Termin mit ihm wünscht.

«Was wollen Sie von ihm?», will die Dame am Empfang wissen. «Einen Termin», antworte ich. «So einfach geht das nicht. Worum geht es?» Mein Anliegen will ich aber gewiss nicht dem Personal am Empfang vortragen. Schließlich ist das Thema delikat, und ich plane, mich auch bei Dr. Poh persönlich nur ganz vorsichtig an die Schlüsselfrage heranzutasten.

Es geht schließlich um eine neue Niere. Die thailändischen Gesetze klingen auf dem Papier so streng, dass ich mein Herz keinesfalls einem unbekannten Mitarbeiter ausschütten will. Es würde wohl nicht nur in meinen Ohren reichlich seltsam klingen, wenn ich sozusagen mit der Tür ins Haus falle und kurzerhand verkünde: «Ich brauche eine neue Niere und habe gehört, Dr. Poh verkauft Organe.»

Aber nach Minuten nutzlosen Tauziehens muss ich erkennen, dass so kein Weiterkommen ist. «Ich habe ein Nierenproblem und möchte mich untersuchen lassen», erkläre ich einem herbeigerufenen Mann am Empfang, der Englisch spricht. Ich kann gar nicht so schnell Luft holen, wie sich plötzlich alle Hindernisse in Luft auflösen. Meine persönlichen Daten werden aufgenommen. Fünf Minuten später bin ich Dr. Poh zwar keinen Millimeter näher gekommen, aber nun sitze ich wenigstens samt Wartenummer in einem großen Saal und starre auf die elektronische Anzeige, auf der in roter Schrift Nummern aufleuchten.

3456, 3457, 3458 – endlich bin ich an der Reihe. Die Ärztin mittleren Alters hört sich meine Vorgeschichte an. Nach der kompletten Litanei von polyzystischen Nieren über schlechter werdende Kreatininwerte bis zum drohenden Nierenversagen rücke ich schließlich mit der Sprache heraus. «Eigentlich will ich zu Dr. Poh. Ich habe gehört, dass er mir bei der Suche nach einer Niere in China helfen könne», erkläre ich der Ärztin und lege, gespannt auf ihre Reaktion, eine Kunstpause ein. Die erste Hürde wäre also geschafft. «Kann ich mit Ihrer Hilfe einen Termin erhalten?», frage ich schließlich etwas zögernd. Nun ist die Katze aus dem Sack. Ich würde mich nicht wundern, wenn die Ärztin jetzt zur Tür springt, mich kurzerhand hinauswirft oder gar die Polizei ruft. Aber die Medizinerin bleibt seelenruhig sitzen, nickt verständnisvoll und sagt schließlich: «Ja, er schickt Leute für Transplantationen nach China.»

Ich staune nicht schlecht. Seit mein Arzt in Singapur mir die Frist von zwei Jahren bis zum endgültigen Nierenversagen verkündet hat, bin ich landauf und landab gezogen und immer wieder bei dem gleichen Problem gelandet. Ich muss einer mir ziemlich unbekannten Person von Angesicht zu Angesicht, per Telefon oder per E-Mail im Klartext erklären, dass ich auf der Suche nach einer Spenderniere bin und dabei nicht den offiziellen Weg beschreiten möchte. Ich bin zwar entschlossen, diesen Weg zu gehen, aber ich weiß nie, wie Gesprächspartner auf mein Anliegen reagieren.

Ich rechne immer mit Ablehnung oder Empörung. Stattdessen staune ich wieder einmal, dass diese fremde Ärztin, mit der ich nun erstmals zu tun habe, nicht einmal mit der Wimper zuckt. Statt mir eine moralische oder ethische Strafpredigt zu halten, scheint die Medizinerin plötzlich Dollarzeichen in den dunkelbraunen Augen zu haben. «Bevor ich Ihnen weiterhelfen kann, muss ich Sie untersuchen», sagt sie. Es geht ihr nicht um medizinische Ethik, es geht auch nicht um legale Vorbehalte. Es geht um Geld, immer wieder um Geld.

Ich muss mich also ein weiteres Mal der kompletten Palette der Diagnostik unterziehen, die ich längst kenne und deren Ergebnisse auch ausführlich in den Unterlagen dokumentiert sind, die ich mit in die Klinik geschleppt habe. Die Ultraschalluntersuchung zeigt so viele Zysten, dass die Umrisse der Niere kaum zu erkennen sind. Eine Röntgenaufnahme der Lunge muss aus mir rätselhaften Gründen ebenfalls unbedingt gemacht werden. Das Abhören mit dem Stethoskop nehme ich stoisch hin. Schließlich werde ich noch einige Ampullen voll Blut los. Am Ende muss ich eine Summe von mehreren tausend Baht im Gegenwert von etwa 200 Euro berappen.

Doch dann kommt die Belohnung. Die Ärztin hält mir einen Telefonhörer hin. Am anderen sitzt die Sekretärin der Krankenhausleitung, die letzte Schranke sozusagen, die mich von Dr. Poh fern hält. «Dr. Poh», sagt die nette Dame, «kommt fast nie mehr hier zur Klinik. Sie können ihn aber in seinem Büro erreichen.» Sie gibt mir die Telefonnummer und eine E-Mail-Adresse. «Und dafür ein paar hundert Euro», schießt es mir durch den Kopf, doch ich behalte meine Gedanken lieber für mich und bedanke mich überschwänglich.

Ich beeile mich, aus der Klinik herauszukommen, steige auf eine Fähre, die mich zur anderen Seite des Chao Phraya bringen soll, und rufe sofort bei der Kontaktnummer an. Niemand antwortet. Bin ich etwa ins Bockshorn gejagt worden? Am liebsten würde ich gleich zum Krankenhaus zurückfahren. Ich versuche es noch ein paarmal. Kein Glück. Zu Hause angekommen, schreibe ich sofort eine E-Mail. Sie ist vage formuliert, schließlich ist sattsam bekannt, dass Thailands Behörden im Internet und am Telefon eifrig mithören. Sie fahnden nach Verstößen gegen ein Gesetz, das Beleidigung der Monarchie unter Strafe stellt. Bei der Überwachung von ausländischen Journalisten kennt das Königreich so wenig Bedenken wie andere Länder. Ich übe mich also in der Kunst der kryptischen Formulierung.

Die mir noch unbekannte Gegenseite scheint zu verstehen. Ich erhalte noch am gleichen Tag eine Antwort auf meine mehr schlecht als recht verschlüsselte Anfrage. «Dr. Poh befindet sich auf einer Dienstreise in China. Bitte melden Sie sich noch einmal in zwei Wochen», schreibt seine Assistentin Yechiela.

Die kommenden Tage ziehen sich. Nach zwei Wochen erhalte ich auf meine erneute Anfrage tatsächlich die Antwort, die mich endlich einmal hoffnungsfroh stimmt.

Dr. Poh sei wieder in Bangkok eingetroffen und habe einem Termin zugestimmt. Ich soll meine Unterlagen mitbringen. Das könnte nach meiner monatelangen Suche der Durchbruch sein.

Während der nächsten Tage kann ich vor freudiger Erwartung kaum schlafen. Ich lege mir mein Vorgehen zurecht, verwerfe Gesprächsstrategien und kehre wieder zu ihnen zurück. Bei all meinen Überlegungen komme ich jedoch nicht auf die Idee, dass ich in einer Art chinesischem Großhandel landen könnte – einem, in dem Nieren neben Lebensmitteln und Konsumgütern einen lukrativen, aber vergleichsweise kleinen Geschäftsteil darstellen.

«Dr. Poh kommt gleich», sagt die Sekretärin. Sie schnieft in ein Papiertaschentuch und schiebt mich in den Konferenzraum.

An der Wand hängen die in Thailand obligatorischen Porträts des thailändischen Königs Bhumibol und der Königin Sirikit. Sie zeigen die Monarchen als ewig junges Paar. Um den ovalen Konferenztisch aus teurem Rosenholz stehen säuberlich aufgereiht zwölf Stühle. Ich nippe an dem Glas warmem Wasser, das die Mitarbeiterin vor mir auf den auf Hochglanz polierten Tisch gestellt hat. Angesichts der Kälte im Büro wirkt das Getränk wie Balsam.

Vor mir liegt die dicke Plastikkladde mit meinen Krankheitsdaten. Die Ergebnisse der Untersuchungen der Klinik von Dr. Poh habe ich nach ganz oben sortiert. Ganz neu sind die Daten meines jüngsten Echokardiogramms. Sie zeigen verkalkte Herzventile, wie man sie normalerweise bei 70- bis 80-jährigen Patienten sieht – das behauptet jedenfalls der Kardiologe. Die schlechte Nierenfunktion der vergangenen Jahre zeigt bereits Folgen in meinem Körper.

Die Ergebnisse des Herztests scheinen die einzigen Papiere zu sein, die Dr. Poh interessieren. Der schmächtige, kleine Mann, der sein Haar ein paar Zentimeter über dem linken Ohr scheitelt, um seine Glatze zu verdecken, tritt fast lautlos durch eine Seitentür in das Konferenzzimmer und macht es sich am Kopfende des großen Tisches bequem. Er trägt einen dunklen Anzug und eine hellrosa Krawatte zu weißem Hemd. «Die Pumpleistung des Herzens scheint für eine Operation auszureichen», sagt er schließlich.

Er trommelt mit dem Mittelfinger seiner sorgfältig manikürten linken Hand, an dem ein goldener Siegelring steckt, auf die schimmernde Rosenholzplatte des Konferenztisches. Mir fällt der sprichwörtliche Stein vom Herzen, denn seit dem Echokardiogramm plagt mich die Angst, dass meine verminderte Herzleistung nicht mehr für eine Transplantation ausreichen könnte – zumal ich mich während der vergangenen Monate längst in eine Art Nierenhypochonder verwandelt habe. Jedes neue Problem, jeder neue Labortest reicht, um meine Alarmglocken klingeln zu lassen. Die Ergebnisse werden von mir als Erstes hinsichtlich der Frage analysiert, ob und wie sich die gesundheitliche Entwicklung auf eine mögliche Transplantation auswirkt. Denn ich brauche nicht nur eine Niere – ich muss vor allem gesund genug beziehungsweise nicht zu krank für eine Transplantation sein.

Routiniert blättert Dr. Poh durch den Stapel mit Unterlagen. Er hat mit unbewegter Miene auf meinen neuen, etwas forschen Standardsatz reagiert: «Ich brauche eine

Niere und habe keinen Spender. Können Sie helfen?» Jetzt hängt die Frage schon minutenlang im Raum, und ich bin nicht sicher, ob ich überhaupt eine direkte Antwort erhalten werde. Dem Gesicht des Arztes ist nichts zu entnehmen. Jahre der Praxis haben ihn offenbar in jemanden verwandelt, der ohne jede sichtbare Emotion Hiobsbotschaften und überraschende Glücksfälle mit dem gleichen stoischen Gesicht verkündet.

Im Vorzimmer seines Büros mögen sich die Warenproben seines Allerweltssortiments stapeln, doch die Fassade des Gemischtwarenhändlers, der wie ein Hansdampf in allen möglichen Geschäftszweigen unterwegs ist, täuscht. Dr. Poh ist ein gewiefter Geschäftsmann. Dank einiger Recherchen weiß ich, dass der Arzt seinen Lebensunterhalt nicht nur mit Nierenhandel, Reis und thailändischem Müsli verdient. In Thailands Medien taucht er ab und zu als Fürsprecher des Medizintourismus des südostasiatischen Königreichs auf.

Sogar bei der Internationalen Tourismusbörse ITB in Berlin ist er regelmäßiger Gast. Schließlich gibt es in Bangkok von Geschlechtsumwandlungen, Busenvergrößerungen bis zu Hüftoperationen und Laserkorrekturen der Augen das komplette Angebot an Eingriffen, das Krankenkassen in Europa nicht bezahlen wollen. Mit Preisen, die bei 40 bis 70 Prozent unter den Behandlungskosten in Europa, den USA oder Japan liegen, locken Thailands Privatkrankenhäuser erfolgreich Kundschaft aus fast allen Teilen der Welt an.

Aber Dr. Poh blickt längst weiter und bringt sich bereits für eine andere, neue profitable Zukunft in Position. Er hat bis auf einige wenige Ausnahmen seine Beteiligungen in Thailand verkauft. Stattdessen investiert er in China, dem Gesundheitsmarkt der Zukunft. Viele Ausländer, die im «Reich der Mitte» leben, ziehen bei schweren Krankheiten eine Reise nach Thailand oder Singapur vor, um sich behandeln zu lassen. Dr. Poh betreibt deshalb auch eine Klinik in der chinesischen Hauptstadt Beijing, die überwiegend die Behandlung von Ausländern im Blick hat.

Hier in seinem Büro in Bangkok warte ich jetzt bereits minutenlang auf eine Antwort. Er studiert die Unterlagen, und ich rutsche ungeduldig auf meinem harten Stuhl herum, dessen Verschnörkelungen in der Lehne mir unbequem in den Rücken stechen. Sein erster Satz ist ziemlich verblüffend. «Ich kann Ihnen das übrigens billiger anbieten», sagt Dr. Poh nach langem Schweigen. Der Unternehmer-Arzt hat statt meiner Krankheitsgeschichte offenbar mehr die Preise der Diagnoseuntersuchungen in Singapur unter die Lupe genommen und stürzt sich nun auf die vermeintliche Chance, mich als Kunde anzuwerben.

Mich interessiert im Augenblick dagegen nicht die Bohne, zu welchen Preisen er Behandlungen und Labortests offerieren kann. Ich will endlich wissen, ob ich mit meiner Suche nach einer Niere bei ihm an der richtigen Adresse bin. «Klar», sagt Dr. Poh endlich, «das können wir organisieren. Ich kann Ihnen helfen.»

Ich möchte jubeln. Der Durchbruch! Meine kühnsten Träume stehen vor der Verwirklichung! Dr. Poh tritt so selbstsicher auf, dass meine Zweifel erst einmal verschwinden. Ich atme tief durch und lehne mich zurück. Plötzlich schmerzen sogar die Verschnörkelungen der Stuhllehne nicht mehr so sehr. Hier ist sie, die Chance, die mich vor Tod und Dialyse bewahren wird. Ich bin überzeugt: Der schmächtige Nieren-, Reis- und Allerleihändler wird binnen weniger Wochen in der Lage sein, mir eine funktionierende Niere transplantieren zu lassen – rechtzeitig, bevor meine eigenen Organe völlig ihren Dienst aufgeben. Die Welt zeigt, jedenfalls in meinen Augen, wieder ihre schöne Seite.

Nicht einmal meine Blutgruppe O negativ schreckt Dr. Poh ab. Ich weiß längst, dass ich auch mit dieser Kategorie schlechte Karten gezogen habe, denn bei Blutspenden und bei Transplantationen kommen auf dem schwarzen Markt nur Spender mit der Blutgruppe O für mich in Frage. «Da müssen wir eben im Nordosten von China suchen», sagt der Arzt voller Gelassenheit. Ich habe die chinesische Landkarte bei dem Gespräch nicht genau im Kopf, aber offenbar besitzen viele Chinesen, die aus der Nähe der Grenze zur Mongolei stammen, die richtige Blutgruppe für mich.

In der Schule habe ich wie die meisten Menschen gelernt, die Weltkarte nach Flüssen, Gebirgen, Ländergrenzen und Ozeanen aufzuteilen. Dr. Poh gliedert die Welt nach Blutgruppen. Der Arzt kennt die Blutgruppengeographie Chinas wie seine Westentasche. Ich habe bei meiner Suche nach einem Spender längst gelernt, dass ich am ehesten in Südasien, Ostafrika, im Nordosten Chinas und in Europa Erfolg haben werde.

Medizinisch ist es zwar längst möglich, auch bei unterschiedlichen Blutgruppen erfolgreich Organe zu verpflanzen. Auf dem Schwarzmarkt wagen sich Ärzte wegen des großen Aufwands, der medizinischen Risiken und der hohen Kosten jedoch nicht an diese Technik. Die Selbstverständlichkeit, mit der Dr. Poh über Transplantationsmöglichkeiten im «Reich der Mitte» spricht, wirkt ansteckend. Ich sehe mich bereits mit einer neuen Niere auf dem Heimweg nach Thailand. «Das ist alles recht einfach», sagt Dr. Poh, «wir schicken Ihre medizinischen Unterlagen zu unserer Partnerklinik. Wir erhalten dann Bescheid, wann Sie anreisen sollen.»

Der Satz klingt, als ob er über eine Blinddarmoperation parlierte. Ich bin sozusagen nur noch ein Flugticket von einer fremden Niere entfernt. So ganz nebenher lässt Dr. Poh noch einen Satz fallen, der in seinen Augen wohl zum Kinderspiel Nierenverpflanzung in China zu passen scheint. Mich lässt er erschreckt aufhorchen.

Die Transplantationsklinik in China, so erklärt Dr. Poh, will ihre ausländischen Patienten nach der Operation so schnell wie möglich loswerden. «Nach ein paar Tagen werden Sie entlassen», sagt Dr. Poh, «aber das ist kein Problem. Sie fliegen nach Bangkok. Wir bringen Sie hier zur Nachsorge dann im Polizeikrankenhaus unter. Sie erhalten eine VIP-Suite.»

Entlassung schon nach ein paar Tagen? Ich traue meinen Ohren nicht. Trotz erhöhter Infektionsgefahr und geschwächten Abwehrmechanismen soll ich ein paar Tage nach der Transplantation in ein Flugzeug voller Menschen klettern, die vom einfachen Husten bis zu Fußpilz alle möglichen Krankheitskeime herumschleppen könnten. Dr. Poh kann nicht mehr alle Tassen im Schrank haben!

Aber der Arzt scherzt nicht, er meint es ernst. Es dauert ein paar Minuten, bis mir ein Licht aufgeht. Das chinesische Hospital verringert sein eigenes Risiko, wenn ein Patient so kurz wie möglich bleibt. Die Gefahr, dass jemand die Operation bei mir, dem Ausländer, bei den Behörden anzeigt, steigt mit jedem Tag Krankenhausaufenthalt. Vor allem aber vermeiden die chinesischen Ärzte zusätzliche kostspielige Behandlungen, wenn gesundheitliche Komplikationen auftreten.

Ich bin alles andere als überzeugt, dass der Rückflug kurz nach der Transplantation eine gute Idee ist. Bei der Vorstellung, wenige Tage nach einer stundenlangen Operation für mehrere Stunden in einem vollbesetzten Flugzeug von China nach Südostasien zu reisen, wird mir mulmig. Schließlich stellt nicht nur die Infektionsgefahr eines der größten Risiken nach einer Organtransplantation dar. Es fällt auch schwer, mir vorzustellen, wie ich mit einer frischen Operationswunde, Kanülen und vielleicht sogar Infusionen reisen soll – denn zu diesem Zeitpunkt ahne ich noch nicht, wie schnell ich sehr viel später nach der Organverpflanzung tatsächlich wieder auf die Beine kommen werde.

Dank eigener Recherchen weiß ich nur, dass ich nach der Transplantation Medikamente einnehmen muss, die mein Immunsystem ausschalten, um eine Abstoßung des fremden Organs zu unterbinden. Mir schwant jedenfalls Böses bei dem Gedanken, geschwächt in der Gesellschaft hustender Passagiere von China nach Bangkok zu fliegen. Die in Asien weit verbreiteten und beliebten Gesichtsmasken sind, so hat mir ein Mediziner erklärt, so gut wie nutzlos.

Aber ich habe auch keine Alternative. Ich bin für eine Transplantation auf das chinesische Hospital angewiesen. Den Vorgaben der Klinik werde ich mich fügen müssen. Kaum habe ich das Thema abgehakt, fällt mir die andere Nebenbemerkung meines Gesprächspartners ein. Er hat doch die VIP-Suite im Polizeikrankenhaus von Bangkok erwähnt, nicht wahr? Dr. Poh nickt beherzt. «Ja», sagt er und lächelt, «die sind auch sehr gut. Und Sie brauchen anschließend ja noch Behandlung.» VIP-Suite im Polizeikrankenhaus also. Gerüchteweise war mir zu Ohren gekommen, dass Nierentransplantationen in China über die Ärzte der Polizeiklinik in Bangkok arrangiert werden können, aber ich hatte bei Nachforschungen keinen Kontakt finden können, der mir hätte weiterhelfen können.

Jetzt habe ich zwar nicht schwarz auf weiß, aber aus berufenem Mund: Bangkoks Polizeihospital ist Teil eines Netzwerks des internationalen Nierenhandels. Wer eine Zeitlang in Thailand gelebt hat, wird nicht verwundert sein. Die Polizei im «Land des Lächelns», das gilt als allgemeine Weisheit, ist nicht nur korrupt wie in vielen Ländern. Thailand gehört zu den wenigen asiatischen Staaten, in denen weder chinesische Triaden noch internationale Mafiabanden Fuß fassen konnten. Sie würden zwar gerne, schaffen es aber nicht. Die Begründung, die von Thailand-Veteranen für das Scheitern der internationalen Banden gegeben wird, ist ebenso einleuchtend wie einfach: Thailands Polizei beherrscht die Unterwelt selbst, vom illegalen Spielkasino bis zum Drogenhandel, und sie duldet keine Konkurrenz.

Dennoch traue ich meinen Ohren nicht, als Dr. Poh die Polizeiklinik erwähnt, und das ist wohl auch in meinem Gesicht abzulesen. «Keine Sorge», sagt er, «die Kosten sind im Gesamtpaket eingeschlossen.» Der Satz mag beruhigend gemeint sein, verfehlt aber seine Wirkung. Ich kenne das Krankenhaus bislang nur von außen, und dieser Eindruck ist nicht vertrauenerweckend.

Die Klinik kommt etwas vernachlässigt daher. Das Polizeikrankenhaus liegt einen Steinwurf entfernt von einem halben Dutzend Nobelhotels in der glitzernden Geschäftsgegend an der Rajprasong-Kreuzung. Bangkok-Besucher sehen die Klinik meistens aus der Hochbahn. Vor dem Eingang stehen Dutzende von Blechbahren mit abwaschbaren Plastikkissen für Notfälle aufgereiht. Die vom Tropenregen verwaschene und vom Smog der Megametropole schmutzig grau gefärbte Fassade benötigt dringend einen neuen Anstrich.

Dennoch steht das Hospital bei ranghohen thailändischen Polizeioffizieren hoch im Kurs. Sie ziehen die Klinik samt VIP-Suite aus Kostengründen gerne den Privatkrankenhäusern des Landes vor, die im internationalen Vergleich zwar preisgünstig sind, aber große Löcher in thailändische Geldbörsen reißen. «Die Ärzte dort sind sehr gut», versucht Dr. Poh meine Zweifel zu vertreiben.

Dabei treibt mich weniger die Frage um, ob die Ärzte im Polizeihospital das nötige Wissen haben, mich nach einer Transplantation zu behandeln. Mir riecht die Angelegenheit eher nach zusätzlicher Geldmacherei. Außerdem würde ich mich eigentlich lieber in die Obhut meines Spezialisten in Singapur begeben, der bereits bei vielen Transplantationen operiert hat und sich bestens mit Schwierigkeiten der Nachbehandlung auskennt.

Ich schweige trotz aller Zweifel, schließlich habe ich mit Dr. Poh endlich jemanden vor mir sitzen, bei dem man sozusagen Nägel mit Köpfen machen kann. Hier ist ein Mann, der Zugang zur Quelle hat. Er kann mir die Niere besorgen, die ich suche. Er ist auch der erste Kontakt bei meiner Suche, bei dem ich mich nicht mit vagen Versprechungen per Mail oder auf einer Webseite zufriedengeben muss. Ich werde meine Chancen, über Dr. Poh gegen Bezahlung an eine Niere zu kommen, zumindest vorläufig nicht mit Bedenken gefährden. Erste Schritte zuerst, sage ich mir, der Rest wird und muss sich schon irgendwie ergeben.

Dr. Poh scheint einen siebten Sinn für meine Ängste zu haben, jedenfalls preist er plötzlich die Vorzüge der Klinik, mit der er in China zusammen arbeitet. «Das Hospital ist gerade erst von Grund auf erneuert worden», erklärt er, «es ist sauber. Es hat außerdem ausgezeichnete Ärzte.» Das klingt nicht besonders überzeugend, schließlich würde jedes Krankenhaus dieser Welt mit solchen oder ähnlichen markigen Sprüchen seine Qualitäten anpreisen.

Es geht um ein Geschäft, bei dem eine ordentliche Summe Bargeld fließen wird – und ein ordentlicher Profit herausspringt, auf den keine Steuern fällig werden. Mein thailändischer Nierenhändler schüttelt prompt eine weitere Trumpfkarte aus dem Ärmel: «Wir können gerne einen Besuch in China arrangieren», sagt Dr. Poh, «Sie können dorthin fliegen und das Hospital besichtigen. Es handelt sich um das Militärkrankenhaus in Guangzhou.»

Ein paar Stunden nach meinem Besuch bei Dr. Poh stoße ich bei der Suche im Internet auf ein Hospital, das alle Merkmale der Klinik aufweist, die mir der thailändische Nierenhändler genannt hat. Ein nicht ganz unerhebliches Detail hat Dr. Poh jedoch unterschlagen, obwohl die Kleinigkeit sich glänzend in die Reihe seiner Lobpreisungen eingefügt hätte. Die Klinik erlangte Berühmtheit über Chinas Grenzen hinaus, nachdem Spezialisten des Militärhospitals die erste Penistransplantation im Reich der Mitte gelungen war. Einem medizinischen Laien wie mir erscheint ein solcher Eingriff so kompliziert, dass eine Nierentransplantation im Vergleich fast wie eine Lappalie klingt.

Doch von dieser Geschichte habe ich noch keine Ahnung, als ich Dr. Poh in seinem eiskalten Konferenzsaal gegenübersitze. Mich wundert zwar kaum, dass es sich um ein Hospital der chinesischen Volksarmee handeln soll. Schließlich bin ich bereits als potenzieller Patient in der VIP-Suite des Bangkoker Polizeihospitals vorgemerkt worden. China gehört zu den Ländern der Welt, in denen das Militär nicht mit knappen Budgets auskommen muss. Die Streitkräfte spielen eine so zentrale Rolle, dass auch die medizinische Versorgung auf gutem Niveau gehalten wird. Zudem erklärte die Zugehörigkeit zu den Streitkräften, warum dieses Hospital in der Lage ist, Transplantationen für Ausländer zu arrangieren.

Die Zeiten in China haben sich gründlich geändert. Das Land galt früher als eine Art Dorado der Organverpflanzungen. Unbehelligt von ethischen und legalen Hindernissen florierte der kommerzielle Handel mit Organen wie sonst nirgends auf der Welt. Rund 60 000 US-Dollar, so lauteten jedenfalls die Angebote auf Webseiten vor der Gesetzesänderung in China, würde eine Transplantation kosten. Das US-Nachrichtenmagazin Time fand ein Unternehmen in Japan, das jährlich rund 60 Patienten zur Nierentransplantation nach China schickte. Wer zu einer Transplantation nach China reiste, wusste zu jener Zeit, dass die Organe nahezu ausnahmslos von hingerichteten Strafgefangenen stammten. Nach zahlreichen internationalen Protesten und Vorwürfen änderte Beijing seine Regeln. Seither gilt der Grundsatz, dass Organe von hingerichteten Strafgefangenen nur noch an enge Verwandte verpflanzt werden dürfen.

Dr. Poh geht bei seinen Ausführungen gar nicht erst auf die Frage ein, wer der mögliche Spender sein könnte. Auch ich will bei dem Treffen nicht mehr erfahren. Die Devise lautet: Verdrängen. Ich bin bei Dr. Poh vorstellig geworden, um herauszufinden, ob er mir helfen kann – und vor allem ob er dazu bereit ist.

Die chinesische Verordnung, die die Verpflanzung der Organe von hingerichteten Strafgefangenen einschränkt, hat den Boom im Organhandel drastisch gebremst. Sie stoppte ihn allerdings nicht, wie ich spätestens gegen Ende der Besprechung mit Dr. Poh feststelle. Mit selbstverständlicher Routine will er mich an seine Sekretärin verweisen. «Bitte geben Sie meiner Assistentin beim Abschied eine Kopie Ihres Passes und die wichtigsten Unterlagen», sagt er nach einem nicht einmal halbstündigen Gespräch, «wir werden sie der Klinik schicken. Sie werden antworten, wann und wie eine Transplantation stattfinden kann.»

Das soll es gewesen sein? So einfach soll es sein, eine Nierentransplantation zu organisieren, ohne in Europa jahrelang auf einer Warteliste auszuharren? Ich kann mein Glück kaum glauben. Dr. Poh scheint keine Zweifel zu hegen; er muss es ja wissen. Ich raffe beschwingt meine Unterlagen zusammen, doch dann fällt mir ein, dass eine der wichtigsten Fragen noch offengeblieben ist.

«Was wird das Ganze kosten?» frage ich. Dr. Poh taxiert mich. Ich kenne diesen Gesichtsausdruck zur Genüge.

Man nennt ihn in Thailand den «Farang-Blick». Farang heißt Ausländer. Je länger er dauert, umso höher steigt der Preis. Er blättert erneut in meinen Unterlagen. «Etwa 150 000 US-Dollar», sagt er, «wenn nach der Transplantation keine medizinischen Komplikationen auftreten.»

Den Nachsatz überhöre ich erst einmal, nur die Zahl klingt in meinem Ohr. 150 000 US-Dollar, rund 110 000 Euro, für die Fähigkeit, trotz Nierenversagens nicht nur weiterzuleben, sondern ein weitgehend normales Leben zu führen. Es ist ein stolzer Preis. Ich weiß, dass diese Summe am oberen Rand des Kostenspektrums angesiedelt ist. Es ist eben ein Farang-Preis. Aber im Gegenzug verspricht die China-Verbindung eine schnelle und baldige Lösung meines Nierenproblems.

Ich nicke zustimmend. «Kein Problem.» Es geht ihn ja nichts an, dass ich noch sparen muss, um mir diese Behandlung leisten zu können. Ich packe meine Sachen zusammen und scanne im Vorzimmer bei Khun Yechiela die notwendigen Unterlagen für die Mail nach Guangzhou. Dann nehme ich mir zu Hause meinen Laptop und setze mich in ein Café, um den Durchbruch bei der Nierensuche zu feiern. Nebenher suche ich im Internet Informationen über Guangzhou. Die florierende Stadt an der Südküste Chinas, die nicht weit von Hongkong entfernt ist, erreicht man von Bangkok nach einer Flugzeit von etwa drei Stunden. Das wird schon gehen, rede ich mir ein, auch wenn beim Rückflug meine Operation erst ein paar Tage zurückliegen wird. Nach langer Zeit fühle ich ein wenig Zuversicht. Guangzhou, ich komme!

Guangzhou, ich komme doch nicht

Ich zähle die Stunden. Aber es vergehen Tage. Vor einer Woche habe ich das Büro von Dr. Poh voller Hoffnung verlassen. Ich mache Pläne. Wir schreiben Ende September; bis Ende Januar werde ich beschäftigt sein. Ich glaube fest daran, dass meine Nieren noch so lange durchhalten werden. Mitte Februar, so überlege ich, wäre ein guter Zeitpunkt, um mich auf den Weg nach China zu machen.

Es ist lange her, dass ich so euphorisch war – zumindest während der ersten Tage. Dann beginnt das Warten auf eine Antwort aus China an meinen Nerven zu zehren. Erste Zweifel melden sich erst leise und werden stärker. Am liebsten würde ich Yechiela in Dr. Pohs Büro anrufen und fragen, ob sie meine Unterlagen abgeschickt hat. Als Nächstes wälze ich mich abends im Bett umher und überlege, ob die Mail an die richtige Anschrift gegangen ist.

Ein thailändischer Bekannter berichtet von einem entfernten Verwandten, der einige Jahre zuvor in China eine Niere erhalten hat. Auf meinen Wunsch setzt er sich mit der Familie in Verbindung, die wiederum bei dem damaligen Vermittler in China nachhört. Die Antwort kommt umgehend und bevor die Klinik aus Guangzhou sich meldet. Man bedaure, aber man könne angesichts der Gesetzeslage nicht helfen.

Ich tröste mich mit dem Glauben, dass die Dinge in Guangzhou anders liegen, und klammere mich an die Überzeugung, dass es schon klappen wird. Aber nach einer Woche des Wartens bin ich dank meiner Ungeduld und Nervosität merklich angegriffen.

Ich lade den Bekannten, der mir den Namen von Dr. Poh zugeschoben hat, voller Feiertagslaune zu einem abendlichen Bier ein. Es sieht gut aus, erzähle ich ihm. Ich berichte von der Episode über das Polizeikrankenhaus in Bangkok. Er lacht. Es gibt diesen Werbespruch, «Amazing Thailand». Die Worte «unglaubliches Thailand» fallen jedes Mal, wenn die Wirklichkeit des südostasiatischen Königreichs wildeste Phantasien übertrifft und wirklich alles möglich scheint.

Laut meines Terminkalenders steht bald die nächste Verabredung mit meinem Nierenspezialisten in Singapur auf dem Programm. Ich verschiebe den Kurztrip, denn ich möchte erst die Antwort aus Guangzhou abwarten. Dann kann ich dort mit meinem Arzt gleich die nötigen Voruntersuchungen besprechen. Ich male mir aus, wie er reagieren wird. In Gedanken plane ich schon die kommenden Monate.

Der beste Zeitpunkt für eine Transplantation liegt kurz vor dem Nierenversagen und bevor überhaupt mit einer Dialysebehandlung begonnen wird. In der Theorie klingen meine Pläne wie die Vorbereitung einer geplanten Schwangerschaft inklusive fest gebuchtem Geburtstermin. Aber der Nephrologe erläutert mir bei jedem Termin, dass die Endphase beim Nierenversagen keineswegs linear verläuft. Die Kreatininwerte können plötzlich abstürzen. So plötzlich, dass alle Vorbereitungen und sorgsam ausgearbeiteten Pläne ins Wasser fallen.

Angesichts des guten Mutes, der mich seit dem Treffen mit Dr. Poh erfüllt, glaube ich fest daran, dass ich von einem Missgeschick verschont bleibe. Die neue Niere ist in Reichweite. Ich will nicht darüber nachdenken, woher sie kommt. Schon gar nicht will ich mich mit der Frage beschäftigen, ob sie von einem hingerichteten Gefangenen stammt. Ich will daran glauben, dass meine Ungewissheit endlich ein Ende gefunden hat. Die Welt sieht seit meiner Visite bei Dr. Poh so rosig aus wie lange nicht mehr.

Eineinhalb Jahre habe ich gesucht und gefragt, habe Termine bei Nierenärzten in Pakistan und in Indien gemacht, habe diskret und direkt gefragt. Ich war meinem Ziel noch nie so nahe. Mit jedem Tag der ergebnislosen Suche, mit jeder abschlägigen Antwort und mit jedem Fehlschlag ist die Bedeutung der Frage, woher eine neue Niere kommen soll, geschrumpft. Stattdessen wachsen Verzweiflung und Mutlosigkeit. Jetzt endlich sehe ich Licht am Ende des Tunnels. Ich will mir meinen Optimismus nicht mit Fragen nach der Herkunft der Niere zerstören. Ich will hoffen, nicht zweifeln.

Die Tage vergehen, und meine Ungeduld ist kaum noch zu zähmen. Schließlich rufe ich im Büro von Dr. Poh an. «Die werden bald antworten», beruhigt Vorzimmerdame Yechiela mich, «keine Sorge.» Aber Guangzhou antwortet nicht. Dann, endlich, nach exakt zwei Wochen, bekomme ich gegen Mittag eine E-Mail von Dr. Pohs Büro. «Wir müssen Ihnen mitteilen, dass sich das Krankenhaus nicht in der Lage sieht, Ihnen zu helfen», schreibt Yechiela, «das Hospital sagt, es könne Nierentransplantationen nur bei Personen vornehmen, die chinesisch aussehen.»

Ich bin am Boden zerstört. Die Nachricht trifft mich schlimmer als die Mitteilung meines Nierenarztes, dass ich nur noch eine Galgenfrist von zwei Jahren habe. Jetzt bleibt mir nach den Vorhersagen des Arztes nur noch ein knappes halbes Jahr. Jäh bricht das wunderbare Wolkenschloss aus Träumen, Zuversicht und Hoffnungen auf ein fast normales Leben mit einer fremden Niere und einem Preisschild von etwa 100 000 Euro zusammen. Ich habe die falsche Hautfarbe, vielleicht auch die falsche Nase. Gut, ich habe keine mandelförmigen Augen. Aber als Uigure aus dem fernen Westen Chinas an der Grenze zu Zentralasien müsste ich doch durchgehen.

Der Mann aus den arabischen Golfstaaten, der meinem Bekannten den Kontakt zu Dr. Poh vermittelt hat, hatte schließlich sicher auch keine Gesichtszüge, die das Militärkrankenhaus mit «chinesischem Aussehen» beschreiben würde. Vielleicht hat die Absage mit dem Foto auf der Passkopie zu tun, die nach Guangzhou geschickt worden ist. Ich trage auf dem Bild keinen Vollbart, wie er bei den Uiguren üblich ist. Das könnte ich nachträglich ändern, überlege ich mir in meiner hoffnungslosen Niedergeschlagenheit.

Aber die wilden Gedankenspiele sind völlig nutzlos; ich kann sie mir sparen, weil ich mit niemandem diskutieren kann. Tatsache ist: Das Militärkrankenhaus will mich nicht und wird sich nach der Absage kaum noch umstimmen lassen. Aus einem Reflex heraus greife ich zum Telefon und rufe im Büro von Dr. Poh an. Seine Assistentin hat einen Satz ans Ende ihrer Mitteilung gesetzt, der einen winzigen

Funken Hoffnung aufkeimen lässt. «Es besteht kein Grund zur Beunruhigung», heißt es in der Mail, «wir werden alles tun, um Ihr Problem zu lösen.»

Am Telefon klingt Yechiela freundlich, aber nicht ganz so zuversichtlich. «Wir werden uns bemühen und nach anderen Kliniken suchen», besänftigt die Vorzimmerdame mich, «die Antwort aus Guangzhou ist eindeutig. Aber vielleicht reagieren andere Kliniken anders. Bitte machen Sie sich keine Sorgen.»

Vielleicht hätte ich Yechiela geglaubt, wenn sie das Gespräch nicht mit diesem Satz beendet hätte. Ich soll mir keine Sorgen machen. Ich kann nicht anders, als mir Sorgen zu machen. Schließlich ist sozusagen vor meinen Augen das Licht am Ende des Tunnels erloschen, das mich aus meinem gesundheitlichen Dilemma hinausleiten sollte. Die Antwort von Yechiela beruhigt mich nicht. Im Gegenteil: Kaum denke ich ein wenig nach, stürzt mich das Telefonat noch tiefer in einen depressiven Abgrund. Denn plötzlich wird mir wieder klar, wie ohnmächtig ich von Entscheidungen anderer Leute abhänge. Es scheint, dass nicht einmal meine Ersparnisse genügen, um dem schleichenden Tod an der Dialysemaschine zu entkommen.

Außerdem weiß ich nach jahrelangem Leben in Thailand: Klaren Worten wie «Nein» weichen Thais lieber aus. Antworten wie «Geht nicht» werden vermieden. Ich wohne schon lange genug hier, um Ausflüchte zu erkennen und zu verstehen. Yechielas Antwort, auch das fällt mir schließlich auf, klingt stark nach einer endgültigen Absage auf thailändische Art.

Plötzlich vergehen die Tage wie im Zeitraffer. Erst

habe ich wertvolle Zeit mit der Suche nach Dr. Poh verplempert, dann sind zwei weitere Wochen vergangen, weil ich törichterweise im Vertrauen auf eine positive Antwort aus China gefeiert habe. Die Zeit läuft davon, und ich stehe wieder mit leeren Händen da. Ich könnte mich ohrfeigen und fühle mich wie ein Trottel. Alle Welt redet von Nierentransplantationen auf dem Schwarzmarkt, es soll einen schwunghaften Handel geben. Nur ich bin zu dumm, so scheint es, ihn zu finden.

Vielleicht ist die Enttäuschung schuld. Aber plötzlich glaube ich, zunehmend Symptome zu spüren, die ihren Ursprung in der schlechten Nierenfunktion haben. Meine Leistungskraft lässt nach. Ich bin meistens ziemlich müde. Manchmal bringe ich nicht mal mehr die Energie auf, zornig oder wütend zu reagieren. Ich bin vor allem niedergeschlagen. Es geht bergab, und ich fürchte mich vor dem unaufhaltsamen Niedergang.

Mich überfällt extreme Panik. Ich will niemand mehr sehen, sage alle Verabredungen ab, bunkere genügend Vorräte und verbarrikadiere mich für Tage in meiner Wohnung. Ich beantworte keine Telefonanrufe und kommuniziere nur noch per E-Mail. Meine beruflichen Kontakte sollen nichts merken, und ich benötige das selbstauferlegte Einsiedlertum, um meine Emotionen einigermaßen unter Kontrolle zu bringen.

Zum ersten Mal erwacht in mir die Angst, keinen Ausweg aus meinem Dilemma zu finden, und ich erlebe ein Wechselbad der Gefühle zwischen Verzweiflung und Lebensmut, an das ich mich in den kommenden Monaten gewöhnen muss. Denn die emotionale Berg-und-Tal-Fahrt wird alltäglich: Mal bin ich so betrübt, dass mir unverhofft und ohne Anlass Tränen über die Wangen laufen. Dann bin ich bereit, mich in mein Schicksal zu fügen, und verplempere meine Zeit mit Filmen, Büchern, Zeitungen und Magazinen.

An anderen Tagen bricht Panik in Wellen über mich herein. Ich kann nicht stillsitzen und hocke bei der Suche nach Transplantationsmöglichkeiten im Internet kribbelig vor dem Computer. Ich kann nicht mehr schlafen, wälze mich so lange grübelnd im Bett, bis das erste Tageslicht durch den Vorhang des Schlafzimmers schimmert. Unausgeschlafen und gereizt schleiche ich durch die Wohnung und schwelge in Erinnerungen an bessere Tage. Tagsüber falle ich vor Müdigkeit um, nachts laufe ich wie ein Raubtier stundenlang durch Bangkoks Straßen. Erschöpft setze ich mich anschließend wieder vor den Computer und suche mit unzähligen Wortkombinationen nach anderen, noch nicht von mir entdeckten Webseiten mit Informationen.

Ich vertraue fast niemandem mehr und hinterfrage jeden Satz von Freunden und Bekannten nach versteckten Bedeutungen. Überhaupt: Die Besuche von Freunden und Bekannten werden immer seltener und kürzer. Sie haben es eilig, wieder aus meiner Wohnung zu verschwinden. Manchmal hinterlassen diese Stippvisiten den bitteren Nachgeschmack eines Abschieds.

Ich war schon immer ein Mensch mit Ecken und Kanten; jetzt scheine ich unausstehlich geworden zu sein. Auf jeden Fall ist es wohl kein Vergnügen mehr, Zeit mit mir zu verbringen. Ich beschließe, kein Wort mehr über meine Nierenprobleme zu verlieren, aber ein Blick in den Spiegel zeigt mir, dass ich gar nicht über meine Gesundheit zu reden brauche. Jeder kann sehen, dass ich krank bin. Ich verliere Gewicht. Mein bleiches Gesicht erinnert mit seinen tiefen Falten an ein Schneefeld, auf dem sich Krähen ausgetobt haben.

Irgendwann liege ich in der Abenddämmerung lustlos, matt und erschöpft auf einer Liege neben dem Swimmingpool meines Wohngebäudes. Mir geht auf, dass ich so nicht weiterkomme. Aufgeben gilt nicht, sage ich mir, raffe mich schließlich wieder auf und fliege nach Singapur zum aufgeschobenen Check-up beim Nierenarzt.

Diesmal komme ich absichtlich viel früher als notwendig zu dem Termin. Wartezimmer, so habe ich irgendwann am frühen Morgen in einer Webseite gelesen, sollen die Orte sein, wo am häufigsten die begehrten Kontaktadressen von Vermittlern für Nierentransplantationen ausgetauscht werden. In der Verzweiflung frisst der Teufel Fliegen. Ich habe mir vorgenommen, nach Nierenkranken zu suchen, die mir weiterhelfen können. Das Wartezimmer meines Arztes erscheint der ideale Platz für den zugegebenermaßen etwas ausgefallenen Plan, denn es ähnelt manchmal der Halle eines internationalen Flughafens.

Patienten reisen aus Nepal und Bangladesch an. Auf den Sitzbänken aus braunem Kunstleder sitzen südindische Paare. Nierenkranke sind mit der halben Familie aus dem nahegelegenen Indonesien angereist. Hin und wieder lassen sich sogar ein paar Patienten aus Singapur blicken.

Leider entpuppt die Praxis sich nicht als die erhoffte Nachrichten- oder Kontaktbörse. Schweigend hocken die Patienten in ihren Sitzecken, ein paar wenige Besucher blättern in zerfledderten, jahrealten Ausgaben der Zeitschrift «National Geographic». Der Nephrologe erneuert das Abonnement schon seit Jahren nicht mehr. Stattdessen müssen seine Nierenpatienten jetzt mit Hochglanzmagazinen aus der Mode- und Uhrenwelt vorliebnehmen.

Die Glücklichen, wie ich sie taufe, sind im Wartezimmer leicht zu erkennen. Es sind die Transplantationspatienten, die kürzlich ein neues Organ erhalten haben. Viele von ihnen tragen Mundschutz, um sich vor Infektionen zu beschützen. Manche nehmen es sogar so genau, dass sie mit Latexhandschuhen zum Arztbesuch erscheinen.

Spätestens wenn die Arzthelferinnen die Tür zum Medizinschrank öffnen und aus dem Riesenvorrat an Pillenschachteln die unverkennbaren Immunsuppressiva herausholen, weiß ich Bescheid. Namen wie Cellcept und Prograf, die Abstoßungsreaktionen verhindern, sind mir längst ein Begriff. Ich suche mir bei jedem Besuch in der Praxis einen Platz nahe der weißen Theke, hinter der die Angestellten Rechnungen ausstellen und Medikamente zusammenstellen.

Mit nonchalanter Selbstverständlichkeit nehmen die Mitarbeiterinnen Urinproben entgegen. Es gibt nahezu keine Untersuchung der Nieren, bei denen Patienten an einer Urinprobe vorbeikommen. Selbst an der Theke wird schnell deutlich, wie schlimm es um Patienten bestellt ist.

Wer noch Nierenfunktion aufweist, wird mit einer großen Plastikflasche nach Hause geschickt, um am nächsten Tag den Sammelurin von zwölf Stunden abzuliefern. Wer bereits eine Transplantation hinter sich hat, wird mit einem Schlüssel und einer durchsichtigen Plastikdose zum

Etagen-WC um die Ecke geschickt. Wer keinen Urintest abliefern kann, ist alles andere als gesund. Seine Nieren funktionieren nicht mehr.

Auf meinem Lauschposten in der Nähe der Medikamentenausgabe spitze ich die Ohren. Sobald ich mitbekomme, dass ein Transplantationspatient abgefertigt wird, versuche ich ihn in ein Gespräch zu verwickeln. Manche Patienten sind höflich. Andere verstehen schlichtweg kein Englisch. Viele wollen lieber gar nicht über ihre neue Niere sprechen. Aber ich finde kein einziges Mal einen Patienten, der mir die Telefonnummer eines Agenten oder Vermittlers geben kann oder will, der bei der Suche nach einer Niere helfen könnte.

Nur ein Indonesier ist bereit, mit mir zu reden. Der wohlhabende Mann aus der Hauptstadt Jakarta lebt seit einem Jahr mit einer Niere, die ihm in China transplantiert wurde. Als er noch nierenkrank war, machte sich der Nachfahre chinesischer Arbeiter auf den Weg in die Heimatregion seiner Vorfahren. Dort «adoptierte» er ein Provinzkrankenhaus. Er bezahlte aus seiner Tasche für eine Renovierung der Klinik. Die technische Ausrüstung brachte der indonesische Wohltäter auf den neuesten Stand. Zum guten Schluss schickte er einige Ärzte zur Schulung in Sachen Transplantation nach Beijing.

«Nachdem ich alles vorbereitet hatte, habe ich mich operieren lassen», erzählt mir der Indonesier mit gedämpfter Stimme, «ohne diese Vorbereitungen hätte ich der ganzen Sache nicht getraut.» Er sieht ziemlich gut aus, jedenfalls im Vergleich zu den anderen Patienten im Wartezimmer. Aber als ich ihn bitte, mir den Kontakt zu dem Krankenhaus zu geben, schüttelt er bedauernd den Kopf. «Die sprechen nur Chinesisch», sagt der Indonesier, «mit Ihnen werden die nicht reden.» Ich weiß nicht, ob er die Wahrheit sagt. Sicher ist, dass er mir nicht weiterhilft.

Mein Einfall mit dem Wartezimmer hatte in der Theorie so gut geklungen, aber nach mehreren Fehlschlägen verstehe ich endlich, warum ich in dem Wartezimmer so wenig Freude an meinem Einfall habe. Die meisten Patienten mit einer neuen Niere, die nicht aus Singapur stammen, haben Lebendspender in ihren Heimatländern gefunden. Es sind Verwandte, vorgebliche Verwandte, Freunde oder angebliche Freunde. Ein von Singapurs Regierung eingesetzter Ethikrat überprüft die Angaben, bevor Ärzte grünes Licht für eine Transplantation erhalten.

Mit jedem neuen Reinfall komme ich mir angesichts meiner verwegenen, aber nutzlosen Einfälle vor wie ein tollpatschiger Clown. Oder ich fühle mich wie ein Ertrinkender, der nach jedem Strohhalm schnappt und sich trotzdem nicht zu retten vermag. Nach der Enttäuschung mit Guangzhou bin schon ziemlich deprimiert in der Arztpraxis in Singapur angekommen; jetzt schleiche ich völlig niedergeschlagen ins Arztzimmer.

Der Nephrologe misst meinen Blutdruck. Er fragt mitfühlend, ob ich denn noch immer keinen «Freund» in Thailand gefunden habe, der mir aus der Nierenpatsche helfen könnte. Ich erzähle von der Weigerung des chinesischen Krankenhauses, mich als Patient anzunehmen.

Plötzlich wird der Arzt so redselig, wie ich ihn noch nie erlebt habe. Sein erster Satz wirft mich schier vom Stuhl. «Sie sollten froh sein, dass Sie mit der China-Verbindung nicht weitergekommen sind», sagt er, «denn viele Leute, die sich dort eine Niere besorgen, kommen anschließend mit schweren Komplikationen zu mir.» Statt eines Neuanfangs erleben viele Patienten offenbar eine Rückkehr zu den Problemen, die sie aus der Zeit vor der Reise in das Reich der Mitte kannten. Jedenfalls gehören sie häufig nicht zu den glücklichen Gewinnern der Organlotterie – denn um ein Glücksspiel scheint es sich zu handeln.

Der Nierenspezialist plaudert aus dem Nähkästchen, und ich höre Geschichten, die direkt aus einem Gruselkabinett stammen könnten. «Die Nierenkranken, die für eine Organtransplantation nach China gehen, sitzen oft wochenlang irgendwo herum und warten», erzählt der Mediziner, «sie warten auf den Telefonanruf, der ihnen mitteilt, dass eine Niere gefunden wurde.»

Dem Telefonanruf folgen fiebrige Aktivitäten. Die Organe kommen nicht zum Empfänger. Der Patient muss zur Niere reisen. Egal wie schlecht es um die Kranken steht, müssen sie plötzlich aufbrechen und innerhalb weniger Tage in entlegene Regionen Chinas fahren. Die Tortur, die auch lange Busfahrten einschließen kann, führt zu Provinzkrankenhäusern in Orten, von denen außerhalb Chinas kaum jemand gehört hat. «Dort wird operiert, und nach drei Tagen werden die Patienten wieder weggeschickt», sagt mein Nephrologe.

Meine Haare stehen mir zu Berge. Die Vorstellung, mit schwächelnder Gesundheit unter schwierigen Umständen in eine entlegene Ecke Chinas zu reisen, klingt wie ein Albtraum. Das Szenario einer Transplantation in einem kleinen Provinzhospital ist auch nicht besonders beruhigend. Die Aussicht, frisch operiert in umgekehrter Richtung eine Fahrt über Stock und Stein absolvieren zu müssen, löst regelrechte Angstzustände aus. Das Jahre dauernde Sterben an der Dialyse erscheint plötzlich gar nicht mehr so furchtbar.

Dabei ist mein Arzt längst nicht am Ende der Liste schrecklicher Nierengeschichten aus China angelangt. «Ich hatte Fälle, bei denen wir die neue Niere sofort nach der Ankunft in Singapur wieder herausholen mussten», erzählt er. Manchmal war der Grund eine Abstoßungsreaktion. Sie kommen vor, obwohl die Medizin nach Jahrzehnten praktischer Erfahrung recht genau Bescheid weiß, mit welchen Dosierungen von Immunsuppressiva gearbeitet werden muss. Manche frischtransplantierten Patienten kehrten gar mit Nieren heim, die von Pilzen befallen waren.

60 000 US-Dollar müssen die meisten Patienten berappen, die von Singapur für ein neues Organ Richtung China aufbrechen. Manche Kranke absolvieren die Reise sogar mehrmals, weil die erste oder zweite gekaufte Niere nicht funktionierte. Der letzte Satz meines Arztes klingt mir bis heute in den Ohren: «Die meisten Patienten kommen mit Organen aus China zurück, die nur 60 bis 70 Prozent der Leistungsfähigkeit einer normalen Niere haben.» Man muss wissen, dass transplantierte Nieren im ersten Jahr nach der Verpflanzung häufig etwa zehn Prozent ihrer Funktion einbüßen. Wer also nach einer Transplantation mit schlechtfunktionierender fremder Niere heimkehrt, ist nach nur zwölf Monaten bereits auf ein Organ angewiesen, das nur rund die Hälfte der Kapazität einer gesunden Niere besitzt.

Alle Welt redet über die fragwürdige Praxis, Organe von Hingerichteten für Organverpflanzungen zu nutzen. Mir schwant plötzlich, dass es auch reichlich andere Gründe gibt, die gegen Nieren von exekutierten chinesischen Straftätern sprechen. Niemand weiß, welches Leben die Person führte und welche Krankheiten sie hatte. Außerdem können haarsträubende hygienische und medizinische Umstände einer Organverpflanzung in einem Provinzkrankenhaus die ganze Unternehmung in ein nutzloses, schlimmstenfalls lebensgefährliches Unterfangen verwandeln.

Vor allem aber wird mir schlagartig ein Problem klar, über das ich während meiner Suche nicht vernünftig nachgedacht habe: Wie viel Verlass ist wirklich auf die Ärzte, die Nieren auf dem Schwarzmarkt transplantieren? Heutzutage kann von Gliedmaßen bis zu Stammzellen fast jeder Teil des Menschen in der Medizin zur Transplantation und zu Heilzwecken eingesetzt werden. Doch bei keinem Organ ist die Nachfrage so groß wie bei Nieren. Es gibt unzählige geschäftstüchtige Ärzte und Vermittler, die daraus dank großer Nachfrage erheblichen finanziellen Nutzen ziehen – und dabei werden viele Abkürzungen genommen.

Als Patient auf dem Schwarzmarkt kann man nur hoffen, aber nie sicher sein, dass die zur Transplantation ausgewählten Nieren «sauber» sind. Es gibt keine Garantie, dass medizinische Standards gewahrt werden, und man kann sich auch nicht darauf verlassen, dass die beteiligten Ärzte wissen, was sie tun, und dass man ein gesundes Organ erhält. Als Patient muss ich mir bewusst sein, dass ich mich auf dem Schwarzmarkt in Hände begebe, denen das schnelle Geld im Zweifelsfall wichtiger ist als meine Gesundheit.

Fast verspüre ich den Drang, dem Militärhospital in Guangzhou einen Dankesbrief für die Ablehnung zu schicken. Die chinesischen Chirurgen mögen vor Jahren erfolgreich einen Penis verpflanzt haben und täglich Erfahrungen mit Nierentransplantationen sammeln. Aber angesichts der Überlegung, ich könnte mir eine neue Niere einhandeln, die schlimmstenfalls mit einem HI-Virus infiziert oder dank ungenügender hygienischer Voraussetzungen von Pilzen befallen ist, klingt die Absage aus Guangzhou eher wie ein Segen als wie ein Rückschlag.

Erstmals, seit ich mich mit der Frage der Transplantation konkret beschäftige, wird mir die Tragweite meines Vorhabens bewusst. Es geht nicht nur darum, irgendeine Niere zu erhalten, um der Dialyse zu entgehen. Ich muss ganz allein Entscheidungen treffen, bei denen mir in Europa Mediziner beratend zur Seite stehen würden. Patienten, die auf der Eurotransplant-Warteliste stehen, können sich auf Fachwissen verlassen. Manche Ärzte in Europa raten Patienten auch schon mal ab, weil sie Vorbehalte gegen das angebotene Organ haben.

Aber Patienten in meiner Lage müssen entscheiden, wofür sie ihr Geld hinblättern wollen. Ich brauche dennoch nicht lange, um die neuen Zweifel wieder beiseitezufügen. Lieber eine Niere, die teilweise funktioniert, als ein Leben an der Dialyse, sage ich mir. Es mag ein großes Risiko sein, dass noch dazu teuer ausfällt. Aber nichts erscheint mir so schlimm wie ein Alltag mit Nierenversagen.

Leider ist es damit nicht getan – ich stecke mit meiner Suche weiter in einer Sackgasse. Ich will eine Niere, kann aber niemand finden, mit dessen Hilfe ich mein Ziel erreichen kann. Aus schierer Verzweiflung rufe ich noch einmal im Büro von Dr. Poh an. Seine Assistentin Yechiela weiß sofort, wer ich bin. «Ja», versichert sie mir am Telefon, «wir sind weiter auf der Suche. Wir melden uns bei Ihnen, sobald es Neuigkeiten gibt.»

Ich habe nie wieder etwas von Yechiela oder ihrem Boss gehört. Ich habe ehrlich gesagt auch nicht damit gerechnet, denn es ergeht mir mit vielen Anfragen ähnlich. Am Anfang stehen große Versprechungen, dann folgt eine längere Phase langatmiger Unverbindlichkeiten. Am Ende steht die vage Versicherung: «Wir bleiben am Ball und melden uns, sobald wir eine Möglichkeit finden.» Ich bin mir sicher, dass mein Anliegen häufig schon fast vergessen ist, während die E-Mail noch formuliert wird.

Doch diese Erkenntnisse helfen bei meiner Suche nicht weiter. Eineinhalb Jahre recherchiere ich schon und bin im Grunde genauso weit wie am Anfang. Ich weiß, was ich will. Aber ich weiß nicht, wie ich dorthin gelangen soll. Je mehr mir deutlich wird, dass ich in 18 Monaten so gut wie keine Fortschritte gemacht habe, umso mehr lähmt mich die eigene Niedergeschlagenheit. Aber die Zeit für Tatenlosigkeit ist endgültig vorbei.

Mein Spezialist in Singapur gibt bei meinem Besuch in der Praxis nicht nur Horrorgeschichten über das Transplantationsgeschäft in China zum Besten. Er wartet nicht einmal ab, bis die Laborwerte ausgedruckt sind. «Sie beeilen sich besser mit Ihrer Suche», sagt er. Das Blatt mit den Zahlenreihen unterstreicht die Worte des Nephrologen. Schwarz steht für normale Werte. Rot sind die Resultate gefärbt, die außerhalb des Normbereichs liegen. Ich muss fast schon mit der Lupe suchen, um eine schwarze Zahl zu finden.

Ich packe meine Laborwerte ein, hole bei den Arzthelferinnen Medikamente ab, zahle die Rechnung und gehe langsam über den langen, schmucklosen Gang zum Aufzug. «Du machst dich jetzt noch mal auf die Suche», nehme ich mir vor. Doch das ist leichter gesagt als getan, denn mir fällt beim besten Willen nicht ein, was ich noch alles auf die Beine stellen soll. Nach den Erfahrungen der vergangenen Monate bin ich bereit zu glauben, dass es diesen grauen Markt gar nicht gibt, auf dem man gegen Bargeld Nieren kaufen kann.

Ende der Galgenfrist

Der Mann von der Marketingabteilung des Hospitals in der indischen Hauptstadt Delhi lässt sich am Telefon kaum bremsen. «Ja, natürlich», sagt er mit so viel Selbstbewusstsein, dass sein Stolz mir förmlich aus dem Telefonhörer entgegenspringt, «selbstverständlich machen wir Transplantationen. Sie müssen nur Ihre medizinischen Unterlagen mitbringen. Überhaupt kein Problem!» Paschtunen beiderseits der Grenze von Afghanistan und Pakistan antworten selbst auf die unsinnigsten Anfragen gerne mit den Worten «Warum nicht?». Jetzt fehlt nur noch, dass mein Gesprächspartner seine Ausführungen mit genau dieser lässigen Redewendung unterstreicht. Jedenfalls steigt meine Skepsis, je länger die Lobpreisungen über die Wunderheiler in Arztkitteln in den Hallen seines Krankenhauses dauern.

Außerdem bin ich nicht mal sicher, ob der Mann am Telefon mein Anliegen überhaupt versteht. Denn während der Pausen zwischen seinen Jubelarien drücke ich mich so vage aus, dass er möglicherweise nicht richtig durchblickt. Aber ein Versuch kann nicht schaden, ich habe schließlich nichts zu verlieren, und ich muss aus beruflichen Gründen ohnehin nach Indien. Während der Reise kann ich einen schnellen Abstecher in die Klinik machen. Schließlich drängt die Zeit.

So stehe ich ein paar Wochen nach dem Reinfall mit

Nierenhändler Dr. Poh in der dunkelrot gekachelten Eingangshalle eines Privatkrankenhauses am Stadtrand von Delhi. Das Gebäude ist eine der typischen Schöpfungen des neuzeitlichen Indien; die Erbauer bemühten sich, ein modernes Hospital nach dem Vorbild von Ländern zu errichten, die seit Jahren am weltweiten Medizintourismus verdienen.

Wirklich durchdacht ist der Bau nicht. Es gibt einen Empfang mit modisch gekleideten Frauen, die Besucher auf die richtigen Etagen des zwölfstöckigen Gebäudes schicken. Neonlicht beleuchtet die Flure und gibt ihnen einen fahlen Schein. Hinweisschilder auf Englisch und Hindi weisen den Weg durch die belebten Gänge.

Es gibt eine Ultraschallabteilung und einen Bereich für Herzuntersuchungen – Wartezimmer scheinen die Architekten allerdings vergessen zu haben. Ambulante Patienten stehen mit ihren Unterlagen im Gang, die Betten von bettlägerigen Kranken verstopfen samt Infusionsflaschen und Plastikbeuteln, in denen Blut und Urin gesammelt werden, die Flure. Indiens 1,3 Millionen Einwohner haben angesichts der riesigen Menschenmassen wohl längst das Gefühl für Privatsphäre verloren.

Dank der Hinweisschilder finde ich schnell den Weg zur Marketingabteilung im Untergeschoss. Rahul, mein junger, in einen modischen Nadelstreifenanzug gekleideter Gesprächspartner, bietet mir einen Stuhl an. Es folgt eine Zeremonie, deren Wurzeln bis in die alten Zeiten der britischen Kolonialzeit reichen. Wir schauen zu, wie der Chai Wallah, der Teemann, zwei dampfende Tassen auf dem Schreibtisch platziert. Der landesübliche bittere indische Tee ist nur mit

Milch und reichlich Zucker genießbar. Es gehört in Indien zum guten Ton, ihn allen Gästen anzubieten.

Der schwarze Lack der Büromöbel ist mit zahllosen Fingerabdrücken übersät. Auf einem hypermodernen Flachbildschirm flimmert ein virtueller Rundgang durch das Hospital; er präsentiert ein hochtechnisiertes Hospital, das auf dem neuesten digitalen und elektronischen Stand sein soll. Ich habe ein paar Jahre in Indien gelebt und hege seither freilich Skepsis gegenüber den medizinischen Fähigkeiten mancher Ärzte des Landes.

Rahul weiß, dass ich Deutscher bin. «Viele unserer medizinischen Geräte sind auch aus Deutschland», schmeichelt er, «wir haben die modernsten Maschinen, die es gibt.» Auf den ersten Blick fallen zwar die Markenschilder großer US-Konzerne ins Auge. Aber Rahul will freundlich sein, und deshalb muss eine kleine Zwecklüge herhalten.

Das Krankenhaus ist erst ein halbes Jahr vor meinem Besuch fertiggestellt worden. Dank der modernen technischen Ausstattung hebt sich dieses Haus tatsächlich von anderen Kliniken des Landes ab, die der üblichen ökonomischen Maxime Indiens folgen, Maschinen erst zu ersetzen, wenn sie beim besten Willen nicht mehr zu reparieren sind.

Aber bevor ich mich von Rahul zu einer fruchtlosen Debatte über medizinische Apparate verleiten lasse, lenke ich das Gespräch auf den Grund meines Besuchs. Wie es denn so mit den Transplantationen laufe, will ich wissen und schiebe gleich die Fragen nach den Kosten hinterher. «Ohne medizinische Komplikationen», sagt Rahul wie aus der Pistole geschossen, «rund 60 000 US-Dollar pro Nierentransplantation für beide Patienten zusammen.»

Auf eine solche Eröffnung habe ich insgeheim gehofft. Die Antwort ebnet den Weg für die Frage, die mich wirklich interessiert. «Was bekommt denn der Spender?», frage ich mit so viel Unschuld in der Stimme, wie ich aufbringen kann. Ich muss Rahul zugestehen, dass er sich nicht aus dem Gleis werfen lässt. «Den Spender bringen Sie doch mit», sagt der Marketingprofi, «damit haben wir nichts zu tun.» Auf meinen Hinweis, ich hätte auf Unterstützung der Klinik bei der Suche nach einem Spender gehofft, zuckt er hilflos mit den Achseln. Immerhin ist er nett genug, mich zu seinem Boss zu bringen. Der Chef würde zwar gerne das Geld für eine Transplantation kassieren, aber in die Suche nach einem Spender möchte er nicht verwickelt werden.

Indien gehört wie andere Staaten Asiens zu den Ländern, die Krankenhäusern Transplantationen bei Ausländern erlauben. Die Patienten und Spender müssen glaubhaft nachweisen, dass kein Geld für die Organübertragung fließt. Wie streng die Auflagen für diesen Nachweis sind, fällt je nach Land unterschiedlich aus; in manchen Fällen reicht die notarielle Urkunde aus. In Singapur müssen Transplantationskandidaten seit einigen Jahren vor einem Ethikrat erscheinen. In anderen Staaten wiederum genügt ein Packen Schmiergeld, um das grüne Licht der Behörden zu erhalten. In Indien entscheidet seit einer Gesetzesnovelle im Jahr 2011 ein Komitee des Hospitals, ob alle Auflagen erfüllt sind.

Seit mein Arzt mir meine Galgenfrist verkündet hat, bin ich bei meiner Suche nach dem Nierenmarkt entweder gegen eine Mauer des Schweigens gelaufen oder mit großartigen Versprechen abgefertigt worden. Viele Länder haben im Laufe der Jahre die legalen Bestimmungen verschärft, um den Organhandel zu unterbinden. Stoppen konnten sie ihn nicht. Der Nierenhandel soll boomen, und die Nachfrage, so lese ich, steige. Die Zahl der Menschen, die sich mit dem Verkauf einer Niere den Weg aus der Armut ermöglichen wollen, klettere laut den Berichten ebenfalls. Zwischen 60 000 und 100 000 Nieren sollen jährlich jenseits offizieller Kanäle transplantiert werden. Würde die Zahl stimmen, entspräche sie etwa der Menge, die im Jahr auf offiziellen Wegen verpflanzt wird.

Die Philippinen tauchen immer wieder in den Berichten auf. Organisationen, die sich dem Kampf gegen Organhandel verschrieben haben, nennen mehrere Hospitäler in der Umgebung der Hauptstadt Manila. Ihre Kunden sollen überwiegend arabische Patienten sein. Die transplantierten Nieren würden von Filipinos aus den Armenvierteln der Metropole stammen.

Dabei hat die Regierung der Philippinen vor einigen Jahren eigens die entsprechenden Gesetze verschärft, um dem Organhandel einen Riegel vorzuschieben. Ich notiere mir die Namen der Kliniken, bin aber überzeugt, dass ich dort wenig Erfolg haben werde. Die genannten Krankenhäuser haben wahrscheinlich ihre Operationen eingestellt, nachdem sie öffentlich angeprangert worden sind. Auf jeden Fall werden sie nun so vorsichtig sein, dass sie jeden Nierenpatienten abweisen, der keine Empfehlung von Gewährsleuten vorweisen kann.

Aus Indien finde ich Berichte, wonach die Polizei im Süden des Landes Transplantationskliniken ausgehoben habe und ausländische Patienten vorübergehend verhaftet wurden. Einem Ausländer, der mit Nierenversagen ein Bangkoker Krankenhaus aufsuchte, empfahlen die Ärzte, sich in Ägypten umzusehen.

Häufig taucht der Name Israel auf. Sogenannte «Broker» sollen dort besonders aktiv sein. Es handelt sich um Mittelsmänner wie Dr. Poh in Bangkok, die offenbar ein weltweites Netz von Kontakten unterhalten. Doch eine Telefonnummer oder einen Kontakt zu diesen Leuten kann ich nirgends finden. Stattdessen gibt es Erfahrungsberichte von Transplantationspatienten, die mit Hilfe dieser Broker auf Operationstischen in der Türkei oder in Südafrika landeten.

Brasilien bringt dank Millionen von Bewohnern in riesigen Elendsvierteln offenbar ebenfalls vielen Menschen mit Nierenversagen die Rettung vor dem schleichenden Tod an der Dialysemaschine. Ich finde ein Hospital in der Wirtschaftsmetropole São Paulo, das zu einer Transplantation bereit ist, wenn ich einen Spender mitbringe. Aber ich kann nicht herausfinden, wie oder mit wessen Hilfe ich in Brasilien einen Spender ausfindig machen kann.

Ein Nephrologe verrät mir im privaten Gespräch nach seiner Rückkehr von einem internationalen Kongress den neuesten «Hotspot» des Nierenmarkts. «Kolumbien», sagt er. Offenbar tauschen die Mediziner auf internationalen Kongressen nicht nur die Erkenntnisse und Erfahrungen über medizinische Neuerungen und Medikamente aus. Beim abendlichen Cognac in der Bar geben die Nierenärzte scheinbar auch die jüngsten Informationen über den Teil des Gewerbes weiter, der offiziell weltweit geächtet ist und dennoch floriert.

Der Nierenmarkt kennt keine nationalen Grenzen.

Die Netzwerke umspannen den Globus. Während Spender, die ihre Nieren verkaufen, fast alle aus armen Ländern auf allen Kontinenten stammen, gibt es diesen Unterschied bei den Empfängern nicht. Wer eine Niere braucht, ist bereit, fast überallhin zu reisen – und viele Risiken einzugehen. Mir fällt plötzlich auf, dass ich ebenfalls zu dieser Gruppe von Menschen gehöre.

Es gibt viele Informationen und zahlreiche Hinweise, die ich verfolgen könnte. Aber nach eineinhalbjähriger vergeblicher Suche wird mir klar, dass ich nur weiterkommen werde, wenn ich einen Mittelsmann auftreiben kann. In manchen Ländern werden sie Broker genannt, woanders heißen sie Agenten. Nur wer einen Mittelsmann kennt, besitzt eine Chance, eine Niere zu finden. Jahre später entdecke ich in der indischen Tageszeitung «The Hindu» die Schilderung einer Begegnung mit einem «Nierenagenten» in der südindischen Stadt Bangalore, dem indischen Zentrum der milliardenschweren IT-Industrie.

«Ich akzeptiere nur Kunden, die mir von früheren Patienten empfohlen werden», erzählt der Mann der Zeitung, «ich nehme niemand, der direkt auf mich zukommt.» 25 Jahre lang, ein Vierteljahrhundert, will der Mann schon im Geschäft sein. Laut seiner Darstellung hatte er in dieser Zeit nicht ein einziges Mal Schwierigkeiten mit den Behörden. Sein Preis liegt laut Zeitung bei fast 20 000 Euro, von denen der Agent 14 000 kassieren will. 3500 Euro betragen die Klinikkosten. Der Mann hat Erfahrung, wie eine Aussage zeigt: «Der Nierenempfänger trifft den Spender nur einmal bei der Prüfung, ob das Blut zusammenpasst.» Wie viel Geld die Spender erhalten, wird in dem Artikel nicht verraten. Das Blatt zitiert den Nierenagenten lediglich mit der Aussage: «Es sind Leute, die in Armut leben und hoch verschuldet sind. Denen bleibt nur Selbstmord oder der Verkauf einer Niere.»

Viele Kleinbauern in Indien verschulden sich bei Kredithaien, wenn die Ernte nicht genug für den Lebensunterhalt einbringt. In ihrer Verzweiflung begehen viele, die angesichts ständig wachsender Schulden keinen Ausweg sehen, Selbstmord, denn der Staat zahlt Hinterbliebenen unter bestimmten Bedingungen eine Entschädigung. Diese Summe stellt oft einen Anreiz dar, weil das Geld dann von den Angehörigen zur Schuldentilgung eingesetzt werden kann.

Ich habe vor Jahren bei einem Besuch in einem Bauerndorf im indischen Bundesstaat Andhra Pradesh selbst erlebt, dass in fast jeder Hütte das Foto eines Mannes hing, der sich wegen hoher Schulden umgebracht hatte. Folgt man den Schilderungen des Nierenagenten aus Bangalore, könnte man auf den ersten Blick glatt auf die Idee kommen, mit dem Nierenkauf etwas Gutes zu tun. Aber aus anderen Zeitungsartikeln weiß ich, dass die Mittelsmänner den Spendern häufig nur einen Bruchteil der versprochenen Summe auszahlen.

Ich habe mich nie nach Südindien aufgemacht, um den Agenten in Bangalore zu finden. Es wäre hoffnungslos, ohne Empfehlung das Vertrauen eines Nierenagenten zu gewinnen, denn als «weiße Nase», wie westliche Ausländer manchmal im Orient genannt werden, zöge ich viel Aufmerksamkeit auf mich. Und die Nierenhändler gäben sich, falls ich einen finden würde, aus lauter Vorsicht ahnungslos.

Irgendwann stoße ich bei meiner Suche auf den Erfahrungsbericht eines kanadischen Patienten, der für eine neue Niere von Kanada in die pakistanische Grenzstadt Lahore reiste. Er nennt das Hospital beim Namen. Der Mann erwähnt sogar die Firma, die ihn von Kanada nach Südasien geschickt hat.

Auf der Webseite des Unternehmens stellen Transplantationen nur einen kleinen Teil der Angebote dar. Die Palette des Reisebüros für medizinischen Tourismus kennt keine Tabus.

Diese Firma, bei der es sich um ein Familienunternehmen zu handeln scheint, offeriert von Schönheitschirurgie bis zu Hüftoperationen eine Menge Behandlungen, die weitaus kostengünstiger sind als in den USA oder Kanada. Den Verzweifelten, bei denen alle Heilmethoden versagt haben, offeriert das Unternehmen Stammzellenbehandlungen. Die Erfolgsaussichten mögen wissenschaftlich nicht erwiesen sein; es scheint aber genügend Patienten zu geben, die, den baldigen Tod vor Augen, ihre letzte Hoffnung in Ärzte und Hospitäler setzen, die solche Behandlungen anbieten.

Der große Renner scheint für die Vermittler von Gesundheitsdienstleistungen aller Art aber das Geschäft mit Surrogatmüttern zu sein. Alleine in Indien, so schätzen manche Organisationen, soll jährlich die enorme Summe von einer Milliarde US-Dollar beim Geschäft mit Mietmüttern umgesetzt werden. Die Summe scheint immens, zumal nur etwa 10 000 Euro für die neunmonatige Schwangerschaft inklusive Ernährung und medizinischer Versorgung verlangt werden. Im Westen kostet das gleiche Paket etwa 50 000 Euro.

Bei Nierentransplantationen fehlt eine Preisangabe, aber aus dem Bericht des kanadischen Patienten geht hervor, dass er in Pakistan insgesamt 35 000 US-Dollar für Transplantation und Spender ausgegeben hat. Das ist ein Spottpreis im Vergleich zu anderen Weltgegenden. Denn wie ich inzwischen gelernt habe, können Nierentransplantationen zwischen 60 000 und 150 000 US-Dollar kosten. Spendern werden je nach Land 1000 bis zu 30 000 US-Dollar versprochen.

Ich schicke der Firma in Kanada eine Mail. Die Antwort, eine Absage, erreicht mich binnen weniger Stunden. «Ich muss Ihnen leider mitteilen, das wir nicht mehr mit Krankenhäusern in Pakistan arbeiten», schreibt mir die Chefin, «wegen der Sicherheitslage ist das nicht ratsam.»

Das hat noch gefehlt. Nun scheitere ich nicht nur an mangelnden Kontakten – jetzt stellen sich mir auch noch politische Komplikationen in den Weg. Zwischen Indien und Afghanistan gelegen, verwandelte sich der 180-Millionen-Einwohner-Staat seit dem Jahr 2001 zunehmend in ein Schlachtfeld islamistischer Gewalt. Tausende von Menschen starben schon bei Anschlägen und Überfällen.

Aus beruflichen Gründen habe ich Pakistan seit Mitte der neunziger Jahre häufig besucht. Ich habe radikalislamische Extremisten interviewt und fürchte mich nicht vor Anschlägen von Al Qaida oder Talibangruppen, denn man muss schon eine Menge Pech haben, um zufällig in ein Attentat zu geraten. Mehr Pech jedenfalls, als nötig ist, um zu der Gruppe von Menschen zu gehören, deren Nieren frühzeitig versagen. Ich will eine neue Niere, suche mit wachsender Hektik und bin bereit, dafür auch in ein Land zu gehen, in dem die Bomben explodieren. So ähnlich formuliere ich auch meine Antwort nach Kanada. Die Firmeninhaberin meldet sich nie wieder.

Zu Beginn meiner Suche nach einer Niere ist mir bewusst, dass ich mich auf ein kompliziertes Vorhaben einlasse. Ich erwarte nicht, im Internet Verkaufsplattformen zu finden, auf denen Organhändler «Niere zu verkaufen» inserieren. Aufgrund der vielen Aktivisten gegen den Organhandel und der Behörden, die die Drahtzieher stoppen wollen, würde es an Dummheit grenzen, diese Dienste offen im Internet anzubieten. Ich hatte aber nicht erwartet, dass es schier unmöglich sein würde, einen Mittelsmann zu finden, der mir weiterhilft.

Menschen in meiner Lage müssen ganz schön einstecken; das endgültige Nierenversagen rückt näher und näher, und wenn alle Mühen vergebens waren und alle Versuche scheitern, den einzigen Notausgang ausfindig zu machen, ist eine ordentliche Portion Willenskraft nötig, um nicht aufzugeben. Aufgeben bedeutet, sich dem schleichenden Tod an der Dialyse auszuliefern und den Wunsch nach einem weitgehend normalen Leben zu begraben. Man kann sich also nicht einmal den Luxus erlauben, die Hände in den Schoß zu legen. Man muss weitermachen.

Ich mache mich also auf den Weg nach Pakistan, das ich recht gut kenne. Ich habe auch eine Reihe von Bekannten dort; mit etwas Glück und Einsatz habe ich bisher hier am Indus zwischen Afghanistan und Indien fast immer die richtigen Menschen gefunden, wenn ich als Journalist nach Informationen suchte. Es müsste mit dem Teufel zugehen, überlege ich mir, wenn ich in Pakistan keinen dieser Mittelsmänner auftreiben könnte, die in dem Geschäft aktiv sind. Denn Geschichten, im Flüsterton erzählt, gibt es in Hülle und Fülle. Während der ersten Jahren nach den New Yorker Attentaten von 2001 spekulierten Geheimdienstler gar, dass der damals noch lebende meistgesuchte Mann der Welt mit Namen Osama Bin Laden Hilfe auf Pakistans Nierenbasar suchen würde. Ein Grund: Eine von insgesamt zwei Dialysemaschinen in den öffentlichen Krankenhäusern Pakistans verschwand spurlos. Der Apparat, so die Mutmaßung, stehe im Versteck des «Scheichs», wie Osama von Anhängern genannt wurde. Später hieß es sogar, der Terrorchef habe sich die gesunde Niere eines Anhängers transplantieren lassen.

Die Geschichten erwiesen sich alle als Räuberpistolen. Als Osama Jahre später von einem Spezialkommando der USA in seinem Versteck in der pakistanischen Stadt Abbottabad aufgespürt wurde, gab es keine Spur von der verschwundenen Dialysemaschine. Aber die vielen Spekulationen erweckten bei mir schon Jahre zuvor den Glauben, dass in Pakistan in Sachen Nieren hinter den Kulissen einiges abzulaufen scheint.

Dann erzählt mir ein Kollege von einem Verwandten in der Hafenstadt Karachi, der einem pakistanischen Spender Geld für eine Niere zahlte. Eine kurze Anfrage bleibt erfolglos. «Mein Verwandter rät davon ab, die Leute zu nutzen, die seine Nierenverpflanzung organisiert haben», lautet die Nachricht des Kollegen. Ich versuche gar nicht erst, Näheres herauszufinden. Der Mann will nichts sagen. Nachfragen, das habe ich langsam verstanden, nutzt nichts.

Mir bleibt in Pakistan nur noch die Option Lahore. Die Stadt nahe der Grenze zu Indien hat im Laufe ihrer Geschichte viele Durchreisende erlebt. Die Moghul-Eroberer, die einst von Afghanistan kommend bis nach Indien vordrangen, drückten Lahore ihren architektonischen Stempel auf. Die gewaltige Rote Moschee zeugt bis in die Gegenwart von den Eroberern.

Selbst im modernen Pakistan spielt Lahore eine dominierende Rolle. Die meisten Premierminister und Militärdiktatoren, die das Land seit seiner Gründung und blutigen Abspaltung von Indien im Jahr 1947 regierten, stammen aus der bevölkerungsreichsten Provinz Punjab, deren Hauptstadt Lahore ist. Eine ähnliche Rolle spielt die Stadt beim islamistischen Extremismus. Die radikalsten Ideologen der pakistanischen Taliban kommen aus dem Punjab und kennen jeden Straßenwinkel in Lahore.

Dank wohlhabender Bevölkerung und Universitäten wandelte sich die Stadt während der vergangenen Jahrzehnten außerdem zu einer Art Gesundheitszentrum. Schwerkranke Pakistaner lassen sich am liebsten in Lahore behandeln. Die Zahl der Nierenspezialisten, die sich in Lahore niedergelassen haben, übersteigt die aller anderen Spezialgebiete. Der Grund: Keine andere medizinische Fachrichtung ist hier so lukrativ wie die Nephrologie, denn die Pakistaner trinken wie auch ihre afghanischen Nachbarn oft nicht so viel, wie es angesichts des trockenen Klimas in vielen Landesteilen angebracht wäre. Eine Folge sind Nierensteine und nach vielen Jahren oft auch chronische Krankheiten bis hin zum Nierenversagen.

Lahores Nephrologen füllen viele Seiten im Telefonbuch. Ich bin fest entschlossen, ihnen auf den Pelz zu rücken, denn ich will endlich einen Ausweg aus meinem Dilemma finden. Wenn es nicht anders geht, sage ich mir, dann soll es halt Pakistan sein. Dabei hegen selbst Einheimische starke Zweifel an der Qualität der Gesundheitsversorgung. «Egal was du hast, du kriegst erst mal eine Infusion», lautet ein pakistanischer Scherz über die Behandlungsmethoden der Ärzte des Landes. «Wer ins Krankenhaus geht, stirbt», warnen andere.

Menschen, denen der Tod droht, so heißt es, unternehmen fast alles, um ihm zu entgehen. Vielleicht ist das auch ein Grund für meine Bereitschaft, sozusagen mit Todesverachtung in Lahore nach einer Möglichkeit für eine Transplantation zu suchen. Pakistan hat zwar wie viele andere Nationen strenge Gesetze erlassen, um den Organhandel zu stoppen. Aber die Gesetzbücher des Landes dienen höchstens als Orientierung. Die Verwaltung des Landes befindet sich seit Jahren in einem permanenten Auflösungszustand, bei einfachsten Behördengängen ist Schmiergeld nötig. Polizisten stoppen kurzerhand Autos und lassen sich von den Besitzern zu ihrem Ziel chauffieren. Und in Lahores Nierenkliniken wäscht ebenfalls eine Hand die andere.

Bevor ich in der Stadt ankomme, beschleichen mich die ersten Bedenken. Laut Presseberichten gibt es Dörfer, in denen fast alle Bewohner eine ihrer Nieren verkauft haben. Sie tragen Namen wie Youhanabad und Moinpura, Armenviertel, in denen überwiegend Angehörige der christlichen Minderheiten leben. Mit dem Erlös haben viele Schulden abbezahlt. Laut Untersuchungen der Weltgesundheitsorganisation WHO sind 69 Prozent der Pakistaner in der Umgebung von Lahore Leibeigene, die dank Hungerlöhnen in permanenter Verschuldung leben.

Zudem werden die Spender regelmäßig von Agenten übers Ohr gehauen. «Uns werden bis zu 5000 Dollar angeboten», berichtet laut einer pakistanischen Tageszeitung ein Nierenspender aus einem Armenviertel, «aber ich habe mir vorher schon gedacht, dass ich viel weniger bekommen würde.» Tatsächlich wurden ihm offenbar nur 1000 US-Dollar gezahlt.

Die geringe Summe schreckte ihn ebenso wenig ab wie das Gesetz, das die Organtransplantationen offiziell regelte und laut dem ihm bis zu zehn Jahre Gefängnis für Verstöße drohen. Aber das Gesetz scheint kaum jemand einzuschüchtern, denn laut Presseberichten wird in Lahores Krankenhäusern munter weitertransplantiert.

Angesichts all dieser Berichte und Informationen steigt meine Hoffnung. Lahore, so scheint mir, ist genau der richtige Ort für mich. Offenbar unterhalten die Mittelsmänner enge Kontakte zu den Krankenhäusern. Die Hospitäler schicken die Agenten los, wenn sie Patienten haben, die eine Transplantation brauchen. Ganz oben steht auf meiner Liste das Hospital, das der kanadische Patient aus eigener Anschauung beschreibt.

Ich zögere dennoch. Mir will nicht aus dem Kopf, dass der Verwandte meines Freundes mich gewarnt hat. Der Mann litt nach seiner Transplantation offenbar wochenlang an Infektionen. Dann kursiert plötzlich die Geschichte einer Patientin aus der Region am Golf von Arabien in den Medien. Sie stirbt, weil die Ärzte bei der Transplantation offenbar Operationsbesteck benutzt hatten, das nicht steril war.

Plötzlich sträubt sich alles in mir.

Erstmals seit meiner Entscheidung, für eine Niere zu

bezahlen, kommen mir heftige Zweifel. Vielleicht ist es angesichts der großen Risiken, die ich offenbar eingehen muss, doch keine gute Idee, mein Nierenproblem auf kommerzielle Art zu lösen.

Neben den unhygienischen Kliniken wiegt insbesondere die Situation der betrogenen Spender schwer. Die hoffnungslose Situation eines Leibeigenen auszunutzen scheint mir – trotz meines Entschlusses, das eigene Schicksal in die Hand zu nehmen – kaum mehr vertretbar.

Schließlich hilft mir ein Zufall bei der Entscheidung. Nach meiner Ankunft in Lahore trete ich auf einem Bürgersteig in ein Loch und knicke mir den Fuß um. Mit geschwollenem Knöchel und der Liste meiner Nierenkliniken in der Hand lasse ich mich mit einem Taxi ins Krankenhaus fahren, um mich in einer Ambulanz behandeln zu lassen.

Die Krankenpfleger – es gibt strikte Geschlechtertrennung – sind freundlich, der Arzt ist hilfsbereit. Aber jeder Hauch von Privatsphäre wird ignoriert, sobald ich auf einer Liege Platz nehme. Die Trennvorhänge werden aufgerissen, neugierige Pakistaner starren mich, den Ausländer, an und lassen sich nicht einmal von meinen Schimpfkanonaden beeindrucken. Andere Patienten rufen nach ihren Familien, damit auch sie einen Blick auf mich werfen können. Ich werde beäugt wie ein Zirkustier.

Ich frage mich, wie unter solchen Umständen eine Transplantation möglich sein soll, ohne das irgendjemand Wind von dem Ausländer in der Klinik bekommt. Den Ausschlag für meinen Entschluss aber geben die Vorhänge in der Ambulanz der Klinik, die laut Werbung und Auskünfte von Bekannten die beste der Stadt sein soll. Die Trennvorhänge sind mit Blutspritzern übersät. Wo sich niemand die Mühe macht, die Vorhänge zu reinigen, beschließe ich, ist kein Platz für mich.

Lahore landet nach meiner Knöchelverstauchung vorläufig auf dem letzten Platz in meiner Liste von möglichen Transplantationen, denn so verzweifelt bin ich noch nicht. Pakistan bietet mit 35 000 bis 40 000 Euro Gesamtkosten zwar die günstigsten Preise, doch billig scheint am Indus auch für riskant zu stehen. Zudem glaube ich, noch zeitlichen Spielraum zu besitzen.

Doch ich täusche mich. Meine Galgenfrist ist abgelaufen. Es passiert plötzlich, unerwartet und auf eine Weise, die nicht einmal der Nephrologe vorhergesehen hat. Ich werde in der Nacht jäh von stechenden Schmerzen aufgeweckt. Sie beginnen auf der rechten Seite in der Mitte des Rückens und ziehen sich bis in die rechte Leiste. Stehen ist unmöglich, Sitzen bringt keine Erleichterung, und Liegen schmerzt noch mehr. Ich kann mich kaum bewegen und nur gebückt gehen.

Die Schmerzen überfallen mich während eines Strandurlaubs in Thailands Badeort Hua Hin, in dem auch König Bhumibol in einem Palast lebt. Blinddarm lautet der erste Verdacht des Arztes im Krankenhaus, aber eine Ultraschalluntersuchung verläuft ergebnislos. Erst eine Magnetresonanztomographie zeigt, dass eine Zyste aufgebrochen ist und Flüssigkeit in den Bauchraum sickert. Im Krankenhaus wird mir absolute Bettruhe verordnet. Schmerzmittel helfen kaum; ich erhalte Morphium. Der Drogenrausch versetzt mich in Hochstimmung, und ich wähne mich bald auf dem Weg der Besserung.

Möglicherweise ließ mir der Arzt des Privatkrankenhauses in der thailändischen Provinz ein falsches Kontrastmittel spritzen. Vielleicht hat aber auch die platzende Zyste einer meiner Nieren den Rest gegeben. Jedenfalls liegt der Kreatininwert plötzlich auf katastrophalen 7,5. Zwei Monate früher als erwartet geben meine Nieren plötzlich ihre Funktion auf. Der Tag, den ich nicht erleben will, ist gekommen. Renales Versagen im Endstadium heißt die medizinische Diagnose. Jede Minute, jede Sekunde vergiftet sich mein Körper nun selbst.

Ich bin längst von Hua Hin nach Bangkok geeilt. Der behandelnde Arzt will einen Termin mit mir aushandeln, an dem ich zur Behandlung an der Dialyse vorbereitet werden soll. Die Kanülen für den Anschluss an die Maschine müssen gelegt werden. Das Leben, wie ich es kannte, ist vorbei.

Das erste Mal

Panik! Totale Panik! Anders kann ich es nicht beschreiben. Die Zysten in meinen Nieren haben Tatsachen geschaffen. Meine schlimmsten Albträume sind nun Wirklichkeit geworden. Es ist so weit, die Nieren funktionieren nicht mehr. Ich wusste, der Tag würde kommen, aber seelisch bin ich nicht vorbereitet. Da ich in Bangkok lebe, hat es keinen Sinn, jetzt noch nach Singapur zu meinem Spezialisten zu fahren. Der behandelnde Arzt will mich so schnell wie möglich bei der Blutwäsche anmelden. Er schwenkt den jüngsten Labortest mit eindeutigen Ergebnissen.

Aber ich kann mich noch nicht überwinden, seinen Vorschlägen zu folgen, und sperre mich mit Händen und Füßen und der ganzen Sturheit, die ich aufbringen kann, gegen den unvermeidbaren Schritt. Ich bin noch nicht so weit. Mental kann und will ich mich nicht damit abfinden, dass ich zur Dialyse muss. Ich feilsche mit dem Arzt, als ob wir uns auf einem Basar befänden. Wir vereinbaren eine Frist von zwei Wochen bis zum ersten Dialysetermin – in Wahrheit bestehe ich eher darauf, gegen den Rat des Arztes.

Ich will noch einige Angelegenheiten erledigen, bevor ich meinen jahrzehntelangen unsteten und mobilen Lebenswandel vorerst oder vielleicht auch endgültig begrabe und mein Bewegungsspielraum der Länge der Dialysekanülen angepasst wird. Aber ich merke schnell, dass ich die Frist von 14 Tagen kaum durchhalten werde. Meine Unterschenkel füllen sich mit Flüssigkeit und fühlen sich nach wenigen Tagen wie Elefantenbeine an. Die Schuhe passen nicht mehr, ich schlurfe stattdessen in weiten Schlappen umher. Von Gehen kann nicht die Rede sein, jeder Schritt wird zur Mühsal. Ich bin so kurzatmig, dass ich kaum noch drei Treppenstufen bewältige. Bald fühle ich kaum noch etwas in meinen Beinen. Gleichzeitig kribbelt es so heftig in den Gliedmaßen, dass ich sie nicht ruhig liegen lassen kann. Deshalb kann ich nachts kaum schlafen. Tagsüber nicke ich wie ein Greis im Sessel ein, sobald ich allein bin.

Ich frage mich, ob sich so das Sterben anfühlt. Ich schaue dabei zu, wie mein Körper Stück für Stück abschaltet. Die erste Welle der Panik flacht ab, stattdessen will sich mein Hirn langsam dem Unvermeidbaren fügen. Ich habe im Laufe meines Berufslebens als Auslandskorrespondent und Krisenreporter lebensgefährliche Situation erlebt, aber der Wille zu überleben, die durch Gefahr ausgelösten Adrenalinschübe und die nahezu euphorischen Reaktionen nach der bedrohlichen Situation haben nichts mit dem schleichenden Prozess der Akzeptanz gemeinsam. Die Resignation überlagert meinen Lebenswillen.

Ich habe während meines Berufslebens viele Menschen getroffen, die um Haaresbreite dem Tod entkommen sind. Aber nur die Überlebenden, die bereits vor einem Erschießungskommando gestanden haben, oder Gefangene, die nach Folter und Misshandlungen ihr Schicksal akzeptierten, berichten von ähnlichen Erfahrungen. Sie erinnern sich, wie sie alle Hoffnung aufgaben. Ich persönlich kenne diese absolute, lähmende Passivität, die mich beschleicht, nur von einem einzigen Erlebnis vor vielen Jahren nach einem Tauchunfall vor einer entlegenen Insel. Es war unsicher, ob ich schnell genug medizinische Hilfe erhalten würde, und ich hatte fast alle Hoffnung aufgegeben, weil mein Leben plötzlich völlig von Zufällen wie Wetter und Wellengang abhing.

Wenn meine Panik abflaut und ich die Resignation in den Griff bekomme, überfallen mich Selbstvorwürfe. Ich habe mich schließlich gewaltig verkalkuliert. Wählerisch habe ich mal hier, mal da nach der Möglichkeit einer Transplantation gefragt. Mal wollten mich die Chinesen wegen meines weißen Gesichts nicht. Mal bin ich in Pakistan zurückgeschreckt, weil die Leibeigenen, die Nieren verkaufen, von den wie Mafiosi agierenden Agenten betrogen werden. Statt auf den Philippinen vor Ort zu recherchieren, habe ich mich mit Mutmaßungen zufriedengegeben.

Jetzt könnte ich mich ohrfeigen. Ich habe meinen großen persönlichen Vorteil, die berufliche Mobilität und die professionelle Erfahrung im Umgang mit halbseidenen Leuten, nutzlos verzockt, denn angesichts meines gegenwärtigen gesundheitlichen Zustands sind Reisen plötzlich und für die nahe Zukunft ausgeschlossen. Ich kann erst einmal alle Überlegungen begraben, auf den Philippinen oder in Lahore persönlich auf dem Nierenbasar nach Transplantationsmöglichkeiten zu forschen.

Erst wenn ich «gut mit der Dialyse eingestellt bin», wie die Ärzte so schön sagen, kann ich wieder ans Verreisen denken. Was damit genau gemeint ist, weiß ich zu dem Zeitpunkt noch nicht. Mir ist nur so viel klar: Ich werde gut planen müssen, denn in allen Ländern, Afghanistan und Birma eingeschlossen, gibt es heutzutage Dialysezentren, die bei entsprechend langer Voranmeldung durchreisende Patienten behandeln. Aber das ist erst mal Zukunftsmusik. Sie klingt in meinen Ohren nach Aktionismus, der auf Hilflosigkeit beruht. Die schnöde Wahrheit bleibt, dass meine Nieren nicht mehr funktionieren, ich keinen Ersatz auf Lager habe und nicht weiß, wie meine Zukunft aussehen wird.

Zudem habe ich erst einmal andere Sorgen. «Werden Sie eine Nierentransplantation haben oder an der Dialyse bleiben?», fragt mich der Arzt in Bangkok. Die Privatklinik will auf den ersten Blick wie ein Hotel wirken. Ein Pianist klimpert auf einem Flügel in der Empfangshalle. Uniformiertes Personal betreut Patienten, die suchend am Eingang umherblicken. Das Hospital bietet vom Standardzimmer bis zur Suite drei verschiedene Unterkunftsoptionen an, die Krankenzimmer haben Internetverbindung und Kabelfernsehen. Außerdem nimmt die Buchhaltung gelassen das bürokratische Schneckentempo hin, dass deutsche Krankenversicherungen trotz aller Versprechungen häufig vorlegen.

Das Krankenhaus lebt von thailändischen Stammgästen, die seit Jahren mit der gesamten Familie auf seine Ärzte setzen. Sogar ein zu lebenslanger Haft verurteilter Gangster kommt regelmäßig hierher, um seinen Nasenkrebs behandeln zu lassen. Sein Sohn, ein Kommunalpolitiker aus der Nähe des Badeorts Pattaya, schützt ihn lange vor der Verhaftung. Der Skandal fliegt erst auf, als die Kriminalpolizei ihn während einer Behandlung verhaftet.

Eine Abteilung des Hospitals ist auf Japaner spezialisiert, die – von ihren Firmen nach Thailand entsandt – zu

Zehntausenden in Bangkok leben. Viele von ihnen sind junge Ehepaare, die in Thailand ihr erstes Kind bekommen. Geburten sind in Bangkok billiger als in der Heimat. Außerdem lassen sich viele westliche Ausländer, die in Thailand leben, in der Klinik behandeln.

Obwohl das Personal Englisch spricht und das Management um die Wahrung internationaler Standards bemüht ist, unterscheidet sich der Umgang von Ärzten und Patienten gewaltig von westlichen Gepflogenheiten. Mehr noch als in Europa halten die Mediziner sich für absolutistische Herrscher. Sie mögen es überhaupt nicht, wenn ihre Entscheidungen von Patienten in Frage gestellt werden, und weisen gereizt alle Nachfragen ab. Andererseits rücken die Ärzte bei Diagnosen selbst dann mit der ungeschminkten Wahrheit heraus, wenn sie für die Zukunft des Patienten katastrophal ausfallen. Beratung, psychologische Betreuung oder gar die Diskussion unterschiedlicher Therapien gehören nicht zum Klinikprogramm.

Die Frage des Arztes, ob ich bald eine Transplantation erhalten oder auf absehbare Zeit an die Dialyse gefesselt sein werde, trifft mich deshalb etwas unvorbereitet und wirkt wie ein Hammer. Habe ich etwa bei meinen Recherchen im Internet etwas Wichtiges übersehen? Hat mir der Arzt in Singapur zu einer Transplantation vor Beginn der Dialyse geraten, weil mit der ersten Blutwäsche Weichen gestellt werden? Fallen jetzt schon Entscheidungen, die später nicht mehr zu ändern sind? Mein Nervenkostüm flattert. Mit den Nieren, das habe ich bereits bemerkt, scheint auch meine Elefantenhaut dünner geworden zu sein. Ich bin nicht mehr dickfellig, sondern stressanfällig.

Der Arzt versucht sofort, mich zu beruhigen. Er wolle lediglich wissen, ob am Unterarm ein permanenter Shunt für den Anschluss an die Dialyse gelegt werden solle oder ob man lieber einen provisorischen Anschluss – zwei Kanülen oberhalb des Schlüsselbeins – legen solle. «Transplantation», antworte ich dem Arzt, ohne zu zögern und den leisesten Zweifel in meiner Stimme, «ich will keinen Shunt, sondern eine provisorische Lösung.» Ich bin finster entschlossen, mich allem zu verweigern, dem der Hauch von Endgültigkeit anhaftet.

Dabei habe ich immer noch keine blasse Ahnung, ob und wie es mir gelingen wird, bald einen Nierenspender zu finden. Zumindest beweist mir meine Starrköpfigkeit, dass ich noch nicht völlig resigniert und mich in mein Schicksal gefügt habe.

Ein Funke Hoffnung bleibt mir noch. Ich sage meinem Arzt zwar nicht, dass ich eine letzte Karte im Ärmel halte, die mich wieder von einem Leben an der Dialyse erlösen könnte. Als ich zum ersten Mal erfahre, dass mein Kreatininwert bei 7,5 angekommen ist, wende ich mich sofort an einen Mann, mit dem ich schon vor zwei Jahren kurz kommuniziert habe. Seitdem trage ich seine E-Mail-Adresse sozusagen als letzte Reserve mit mir herum.

Er heißt Jim Cohan und behauptet, seit einem Vierteljahrhundert Transplantationen zu vermitteln. Ich habe mir seine Koordinaten als letzte Option notiert – für den Fall, dass alle meine anderen Alternativen nicht funktionieren. Denn Cohan verlangt sehr viel Geld für seine Dienste. Ich frage mich zudem, ob er ein Aufschneider ist, ein Betrüger oder jemand, der wirklich helfen kann. Egal:

Jetzt ist die Zeit gekommen, Jim Cohan noch einmal anzusprechen.

Cohan lebt auf einer kleinen Ranch im Sun Valley nahe der Stadt Los Angeles im US-Bundesstaat Kalifornien. Seine Anschrift ist bekannt, weil namhafte Zeitschriften und Tageszeitungen über ihn berichtet haben. Fotos, die Cohan selbst ins Internet stellte, zeigen einen hageren weißhaarigen und von der Sonne gegerbten Mann. Seine große Leidenschaft ist ein Schäferhund. Ende der neunziger Jahre wird Cohan in Italien unter dem Vorwurf des Organhandels vorübergehend verhaftet, bald mangels Beweisen aber wieder freigelassen. Auf seiner Webseite beschreibt er sich offen als «Transplant Coordinator», als Koordinator für Transplantationen.

Er unterhält gleich mehrere Webseiten. Die aktuellen Internetauftritte zeigen, dass er neben der Vermittlung von Organverpflanzungen einen weiteren Geschäftszweig erschlossen hat. Cohan vermittelt mittlerweile auch Stammzellenbehandlungen für Patienten, die mit Hilfe der wissenschaftlich umstrittenen Therapie Heilung für Krankheiten erhoffen, bei denen die herkömmliche Medizin hilflos ist.

Seine Geschäftsidee besteht darin, den verzweifelten Patienten, die keinen anderen Weg mehr wissen, einen wirklichen oder vermeintlichen Ausweg zu weisen. Im Fall von Organverpflanzungen wenden sich Patienten an den Kalifornier, die aus verschiedenen Gründen keine Geduld für Wartelisten aufbringen wollen oder können. Cohan scheint seit einem Vierteljahrhundert auf verschlungenen Wegen im Gesundheitswesen am Rande der Legalität unterwegs gewesen zu sein. Kurzum: Jim Cohan ist der Mann, dessen

Dienste ich angesichts meines Nierenversagens und der bevorstehenden Dialysebehandlung dringend gebrauchen kann.

Zumindest erweckt seine Webseite mit dem Namen «Transplant Coordinator» den Eindruck, dass er weiß, was er tut. Offenherzig erklärt er: «Wir von der Firma J. Cohan and Associates koordinieren alles. Es ist unsere Verantwortung, jeden Schritt zu betreuen, den der Organempfänger vom Verlassen seines Hauses bis zu seiner Heimkehr unternimmt.»

Er offeriert ein attraktives Rundumversorgungspaket, das seinen Kunden aller Sorgen entbindet. Das Angebot auf seiner Webseite klingt zu schön, um wahr zu sein. Schließlich behauptet Cohan, er würde gegen Barzahlung alle schwierigen und lästigen Angelegenheiten übernehmen, mit denen Nierenpatienten sich herumschlagen müssen. Bei meiner monatelangen vergeblichen Suche habe ich auf schmerzliche Weise lernen müssen, wie nervenaufreibend und vergeblich solche Bemühungen auf eigene Faust sein können. Cohan scheint zu wissen, wie Spender zu finden sind. Er kennt Transplantationskliniken.

Die Erfahrung des Mannes wird bereits bei der rechtlichen Absicherung seines Internetauftritts deutlich: «Jim Cohan hilft nur bei der Koordination. Er hat nichts mit Regierungs- und Hospitalentscheidungen zu tun.» Außerdem wird behauptet: «Die Organe sind nicht gekauft, verkauft, gehandelt oder vermittelt. Alle Prozeduren halten sich an die Buchstaben des Gesetzes und werden sowohl von Regierungen wie auch von Krankenhäusern überwacht.» Mir soll es recht sein. Ich brauche eine Niere. Wenn dies legal möglich ist, bin ich gerne bereit, Jim Cohan beim Wort zu nehmen.

Da bleibt natürlich noch die Angelegenheit mit dem Geld zu regeln, denn für eine Pappenstiel sind Cohans Dienste nicht zu haben. «Die Kosten für eine Nieren- oder Bauchspeicheldrüsentransplantation betragen 140 000 US-Dollar», schreibt er ungeniert auf seiner Webseite, «die Kosten einer Herz-, Lungen- oder Lebertransplantation belaufen sich auf 225 000 US-Dollar. Diese Ausgaben schließen auch Reisekosten für die Patienten, Verwandten oder Krankenpfleger mit ein.»

Als ich vor einen paar Jahren erstmals auf Cohan stieß, klangen die Formulierungen auf seiner Webseite längst nicht so professionell wie heute. Die genauen Kosten nannte er überhaupt nicht. Im Jahr 2014 bietet Cohan bereits «Transplantationsdienste» in allen US-Bundesstaaten an und offeriert seine Dienste Patienten aus der ganzen Welt einschließlich Deutschland, der Schweiz und Österreich. Cohan ist offenbar ein Mann, der alle legalen Fallstricke zu umgehen weiß. Er besitzt sogar die Chuzpe, in einem Absatz seiner Webseite Patienten aufzufordern, bei Politikern für die Legalisierung bezahlter Organspenden zu trommeln.

Die Dialysemaschinen vor Augen, schreibe ich Jim Cohan eine E-Mail und mache deutlich, dass die Zeit drängt. Er antwortet binnen weniger Stunden. «Ja», schreibt er, «ich kann Ihnen bei einer Transplantation helfen. Es wird nicht länger als ein Vierteljahr dauern.» Ich bin seit der Erfahrung mit Dr. Poh vorsichtig geworden und nehme seine optimistischen Versicherungen erst mal mit einer ordentlichen Portion Vorsicht zur Kenntnis. Dennoch öffnet Cohan plötzlich wieder eine Tür, die ich schon verschlossen wähnte.

Im zweiten Teil seiner Mail schickt der Kalifornier gleich eine Kontonummer. Wenn ich über Einzelheiten mit ihm reden wolle, sei eine vorherige «Vertrauensüberweisung» notwendig, sagt Cohan. Wer hier für wessen Vertrauen zahlen soll, wird nicht ganz deutlich. Es ist jedenfalls nicht billig. Cohan will 1000 US-Dollar auf die Hand, bevor ich einschätzen kann, ob er die Summe wert ist.

Aber der Mann in den USA sitzt am längeren Hebel. Er kann Geld verlangen, ohne mir eine einzige Sicherheit zu bieten. Ich kann nachvollziehen, dass sich Cohan mit dieser happigen Summe vor Nachfragen von Leuten abschirmen will, die einmal auf gut Glück Einzelheiten erfragen wollen und kein ernsthaftes Interesse haben. Vielleicht hofft er auch, dass die Summe Journalisten oder Aktivisten abschreckt, die ihm auf die Schliche kommen wollen.

Trotz aller Bedenken brauche ich nicht lange für meine Entscheidung. Ein paar Stunden nach Eingang von Cohans Mail überweise ich das Geld, schließlich dräut am Horizont die Dialyse, und alle anderen Optionen haben sich als Irrwege entpuppt. Jim Cohan scheint weit und breit der einzige Rettungsanker zu sein. Er ist teuer, aber der einzige Ausweg.

Immerhin zeigt sich der Mann in den fernen USA entgegenkommend. Er wartet nicht erst auf den Eingang der Summe auf seinem Konto. Die per Mail geschickte Kopie meiner Überweisung genügt, und er schickt mir flugs einen Vertragsentwurf zu. Ich reagiere wütend; schließlich habe ich nicht 1000 US-Dollar über den Atlantik geschickt, um einen Vertrag auszufüllen.

Auf den ersten Blick unterscheidet sich das mehrere Seiten lange Papier kaum von anderen Verträgen, Paragraph für Paragraph werden beiderseitige Verpflichtungen aufgelistet. Die Frage nach meinen medizinischen Unterlagen habe ich erwartet. Aber kurz vor Schluss, einige Zeilen über der Linie für die Unterschrift, finden sich die Passagen, bei denen es haarig wird. Sollten Ärzte aus medizinischen Gründen eine Transplantation verweigern, wird kein Cent zurückgezahlt. Cohan will die Vertragssumme von 140 000 US-Dollar in zwei Raten haben. 70 000 US-Dollar will er auf seinem Konto sehen, bevor er überhaupt einen Finger rührt. Die zweite Rate wird ein paar Wochen später fällig.

Das sind ganz schön deftige Bedingungen, denn im Grunde ist der Vertrag das Papier nicht wert, auf dem er gedruckt wurde. Wie soll jemand in meiner Position in den USA bei einem Streit sein Geld einklagen? Schließlich sind Transplantationen gegen Geld dort wie im Rest der Welt untersagt.

Mir schwant, dass ich mich finanziell auf Gedeih und Verderb einem Mann ausliefern soll, den ich nicht kenne und von dem ich nicht weiß, ob und wie seriös er ist. Ich bin ratlos und recherchiere im Internet. Offenbar hat sich bislang noch niemand von Cohan hereingelegt gefühlt. Jedenfalls ist kein Eintrag zu finden, in dem Cohans Geschäftspraktiken an den Pranger gestellt werden. Das ist zwar ein positives Indiz, aber eine Garantie stellt dies nicht dar.

Ich stecke in einer Zwickmühle und sehe keine Alternative. In wenigen Tagen werde ich in Bangkok mit der Dialysebehandlung beginnen. Ich beschließe, den Vertrag auszufüllen und zu unterschreiben. Es bleibt ja noch etwas Zeit, bis ich ihm Geld überweisen soll. Außerdem weiß ich dank meiner Suche, dass viele Möchtegernpatienten für Organverpflanzungen und Stammzellenbehandlung zur Vorauskasse gebeten werden. Statt die Tür zur Option Cohan zu schließen, entscheide ich mich für einen etwas faulen Kompromiss. Ich unterschreibe den Vertrag und lasse ihn auf dem Tisch liegen.

Die selbstauferlegte Bedenkzeit erweist sich als Glücksfall, denn völlig unerwartet eröffnet sich mir plötzlich eine neue Chance. Ein Freund trifft bei einer Messe für Medizintourismus den Vertreter einer Agentur, der eine Transplantation inklusive Spender vermitteln will und vor allem keine hohen Vorauszahlungen von Zehntausenden von Euro verlangt. Er sei vielmehr bereit, gegen einen sehr viel kleineren Vorschuss nach einem geeigneten Spender zu suchen.

Es ist Samstag. Der Mann lebt ebenfalls in den USA. Am Montag soll ich zur Vorbereitung der Dialyse antreten. Ich lasse keine Sekunde verstreichen und rufe den Kontaktmann an. Niemand nimmt ab. Vielleicht schläft mein unbekannter Hoffnungsträger noch? Ich schicke eine Textnachricht und jage noch eine E-Mail hinterher.

Irgendwann in den frühen Morgenstunden des Sonntags klingelt mein Telefon. Am Apparat ist Oskar (Name geändert), der Vermittler. Ja, er könne schnell helfen, sagt er. Die Klinik für die Operation sei kein Problem. Er müsse freilich erst einen Spender finden. Ich erwähne meine Blutgruppe, und Oskar antwortet: «Kein Problem.» Bei der

Redewendung wird mir zugegebenermaßen etwas mulmig, ich habe sie schon zu oft gehört. Die Operationskosten würden erst fällig, wenn alle anderen Vorbereitungen getroffen seien. Über andere Kosten könne man später reden.

Nachdem er aufgelegt hat, starre ich etwas verwundert auf mein Mobiltelefon. Oskar scheint mir wie vom Himmel geschickt. Er klingt zwar für meinen Geschmack zu zuversichtlich. Andererseits erscheint er sehr viel fairer und verlangt nicht so viel Vertrauensvorschuss wie beispielsweise Jim Cohan. Wenige Tage vor meiner ersten Dialyse sieht die Welt plötzlich nicht mehr ganz so düster aus.

Oskar hat einen Funken Hoffnung in mir geweckt, an den ich mich ein paar Tage später klammern kann. Ich liege in einem eiskalten Operationssaal auf dem Tisch. Ein Chirurg soll mir bei lokaler Betäubung zwei Kanülen oberhalb des Schlüsselbeins in der rechten Halsbeuge einsetzen. Er macht sich sofort an die Arbeit, während ich mit der Linken die Hand einer Krankenschwester zusammenpresse. Bis auf die leichten Stiche von zwei Betäubungsspritzen spüre ich wenig von der Arbeit des Chirurgen. Ein Ziehen hier, leichter Druck dort.

Durch eine Lücke unter dem grünen Tuch, das mein Gesicht abdeckt, sehe ich für Bruchteile von Sekunden die blutbeschmierten Gummihandschuhe des Mediziners, der in meinen Hals Plastikschläuche einsetzt. Auf einer Röntgenaufnahme kann ich später erkennen, dass die Kanülen in meinem Körper fast bis zum Herzen reichen. Die biegsamen Schläuche werden rund zehn Zentimeter aus meinem Hals hervorstehen. Der Dialyseapparat wird schmutziges Blut voller verbrauchter Stoffe mit lautem Saugen aus meinen Adern ziehen. Gefiltertes Blut geht über eine andere Kanüle wieder in meinen Blutkreislauf zurück.

Es ist ein Routineeingriff für den Chirurgen. Für mich dagegen beginnt nach einer längeren Pause in einem Ruheraum eine ungewisse, ungeplante und mir weitgehend unbekannte Zukunft. Mein Krankenbett wird in den Saal geschoben, in dem sich 17 durch Glasscheiben voneinander getrennte Kammern mit Dialysemaschinen befinden. An der Decke hängen Fernsehapparate, aus denen thailändische Schlager plärren. Patienten liegen dösend auf den Betten, Angehörige laufen mit Plastiktüten voller Essen umher.

Eine fröhliche Krankenschwester begrüßt mich: «Welcome!» Thais haben Probleme mit der Aussprache des «L». Ich kann jedoch in diesem Augenblick nicht über das «When come» lächeln, das die Krankenschwester mir gut gelaunt entgegenschmettert.

In einer Spezialtasche bringt sie steriles medizinisches Material, mit dessen Hilfe ich erstmals in meinem Leben an eine Dialysemaschine angeschlossen werde. Routiniert hantiert sie mit Kanülen, setzt einen neuen Wegwerffilter ein, der nach meiner Behandlung im Abfalleimer landet. Ein durchsichtiger Behälter mit Flüssigkeit wird ebenfalls an die Maschine angeschlossen, und die Krankenschwester legt mir die Manschette eines Blutdruckmessgeräts an, das automatisch jede halbe Stunde aktiv wird. Zum Schluss drückt sie mir noch die Fernbedienung des Fernsehapparats über meinem Bett in die Hand.

Dann folgen einige Erklärungen für den ängstlichen Dialyseneuling.

«Weil es heute das erste Mal ist, werden wir Sie nur

zweieinhalb Stunden an der Maschine lassen. Beim nächsten Mal dehnen wir die Behandlung dann auf vier Stunden aus.» Sie reicht mir zwei Decken, damit ich in dem mit Klimaanlage gekühltem Raum nicht friere, dazu ein zweites Kopfkissen und eine Konsole mit einem Rufknopf. «Wenn Sie Kopfschmerzen bekommen oder etwas zu essen wünschen, können Sie uns rufen», sagt die Krankenschwester, eine große, schlanke junge Frau, die ich von nun an jeden zweiten Tag treffen werde. Dann lässt sie mich mit meinem Kummer alleine. Eine Ärztin kommt vorbei und warnt: «Sie sollten nachher nicht alleine nach Hause gehen.» Der Hinweis kommt etwas spät. Ich bin alleine gekommen, und niemand steht bereit, um mich abzuholen.

Ich versuche, einen Blick auf die anderen Patienten zu erhaschen. Die meisten sind weitaus älter als ich, Greise, die in ihrer letzten Lebensphase stecken. Eine Handvoll Leidensgenossen kommt zu Fuß und allein in die Dialyseabteilung. Ihre Haut schimmert gelblich. Sie sind hager und ausgemergelt.

Bald werde auch ich wie eine Vogelscheuche aussehen. 68 Kilogramm hat der Nephrologe als Dialysezielgewicht für mich festgesetzt. Er erklärt nicht, wie er auf die Zahl kommt. Es sind fünf bis sechs Kilo weniger als mein Normalgewicht, und ein paar Wochen später muss ich mich mit kleineren Hosen und Hemden eindecken, weil die alte Kleidung an meinem Leib schlottert. Meine Muskeln schwinden, mein Gesicht fällt ein. Doch das ist an diesem Morgen noch Zukunftsmusik. Während neben mir die Dialysemaschine saugt und pumpt, denke ich an Oskar. Er muss helfen, mich wieder von dieser Art zu leben zu befreien.

Der Stachel
des Misstrauens

Nicht schon wieder! Dieses ewige Auf und Ab, das Schwanken zwischen Hoffnung und Enttäuschung geht wirklich an meine Substanz. Vor ein paar Wochen erschien Oskar mir noch wie ein Heilsbringer. Er gab mir plötzlich und unverhofft die Hoffnung zurück, mich bald wieder von der Dialyse abnabeln zu können. Doch nun lese ich seine dürren Sätze auf dem Bildschirm meines Computers, die mich mit den Tatsachen konfrontieren: Statt der Vision von einem fast normalen Leben mit einer fremden Niere erscheint plötzlich das «geschenkte Leben» als Dialysepatient wieder als wahrscheinlichste Perspektive.

«Es tut mir leid», schreibt Oskar, «aber unter unseren Kontakten befand sich kein einziger Kandidat mit der richtigen Blutgruppe.» Ich fürchte, schon wieder an einen Blender geraten zu sein und krame den Vertrag hervor, den Cohan mir zugeschickt hat. Aber Oskar hat mich kalt erwischt. Ich denke nach langer Zeit erstmals darüber nach, ob ich meine Zelte in Bangkok abbrechen soll. Vielleicht ist es doch besser, nach Deutschland umzuziehen und dort mit Tausenden von anderen Kranken geduldig auf einen Gewinn in der Wartelistenlotterie von Eurotransplant zu warten.

«Geben Sie mir zwei Wochen», erklärte Oskar, als ich

zum ersten Mal mit ihm über mein Nierenproblem und mein Interesse an einer Transplantation sprach, «dann kann ich Bescheid sagen, ob wir jemand mit einer passenden Blutgruppe kennen. Wir haben eine Liste von zehn Leuten, deren Blutgruppe wir testen müssen.» Ich kenne zu diesem Zeitpunkt nur seinen Vornamen und weiß, wie ich ihn per Telefon oder E-Mail erreichen kann.

Außerdem hat er mir eine Kontonummer geschickt. Die erste Rate ist fällig. Oskar bezeichnet sie als seine Aufwandsentschädigung für die Suche nach einem Spender. Ich weiß nicht, ob er seriös ist oder ob er seine Versprechen halten kann. Ich habe lediglich die Referenz eines Bekannten.

Oskar wiederum trat bisher auf, als ob er die Welt im Griff hätte. Wie selbstverständlich erweckte er beim ersten Gespräch den Eindruck, dass er eine ganze Reihe von Menschen kennt, die nur darauf warten, einer Person wie mir gegen Bargeld eine Niere zu überlassen. Oskar entwirft sogar einen groben Zeitplan: «Wenn der Spender erst einmal gefunden ist, muss man etwa drei bis vier Wochen für weitere medizinische Untersuchungen einkalkulieren. Danach gilt es, die Reisepläne inklusive der Visafragen für die Reise des Spenders zu regeln. Das kann innerhalb von zwei Wochen klappen, dauert aber auch schon mal einen Monat, und wie es dann in der Klinik weitergeht, hängt vom Gesundheitszustand des Nierenpatienten ab.»

Seine letzte Einschränkung nahm ich kaum zur Kenntnis. Mein Ziel ist, mich gemeinsam mit einem potenziellen Spender in der Klinik einzufinden, in der die Transplantation stattfinden soll. Wie lang dort die Wartezeit ausfallen wird, war mir zu dem Zeitpunkt noch gleichgültig. So lange jedenfalls, bis ich von Oskar erfuhr, dass eine Jamaikanerin gemeinsam mit ihrem Nierenspender rund ein halbes Jahr in Mexiko warten musste, bis die Transplantation endlich über die Bühne ging.

Oskars Worte klangen nach meiner frustrierend langen und vergeblichen Suche zu schön, um wahr zu sein. Nur noch ein Vierteljahr lang Dialyse? Drei Monate, bis ich mein neues, «fast normales Leben» beginnen könnte? Nach meinen Erfahrungen der vergangenen zwei Jahre war ich vorsichtig geworden und erwartete nicht mehr, dass etwas schnell gehen und ohne Probleme klappen würde. Aber es fiel mir schwer, der aufkeimenden Euphorie zu widerstehen.

«Wir haben einen Vertreter in Dubai», erklärte Oskar mir am Telefon, nach Eingang meiner ersten Überweisung bei ihm, «der wird dort nach möglichen Spendern suchen. Aber Sie müssen sich darauf einstellen, zum Blutabgleich dorthin zu fliegen.» Ich würde sogar zum Mond fliegen, wenn es denn bei meiner Suche nach einer Niere helfen würde. Dubai ist nur ein paar Flugstunden von Bangkok entfernt. Oskar nannte mir den Namen des Hotels, in dem ich untergebracht werden sollte. Ich kannte auch das Angebot des Hospitals, in dem der Bluttest und falls nötig zwischendurch auch eine Dialyse gemacht werden sollten. Oskar klang, als ob die ganze Angelegenheit nur eine Formalie sei.

In den arabischen Golfstaaten leben und arbeiten Tausende, wenn nicht sogar Hunderttausende von Menschen aus Bangladesch, Sri Lanka, Indien, Pakistan und Nepal. Ich fragte Oskar nicht nach Details, also kann ich nur vermuten, dass er mit Hilfe von Mitarbeitern bei genau diesen Arbeitern sucht. Die meisten von ihnen sind im Baugewerbe untergekommen.

Wenn die Wanderarbeiter nach ein bis zwei Jahren ihre Anfangsausgaben für Visa und Arbeitsvermittlung abgearbeitet haben, verdienen sie genug, um Geld in die Heimat zu schicken. Eine schwere Krankheit von Verwandten, ein Todesfall in der Familie oder andere unvorhergesehene Ausgaben können die feine finanzielle Balance zwischen Sparen und Schulden jedoch schnell aus dem Gleichgewicht bringen. Möglich, dass unter solchen Umständen ein Nierenverkauf als Ausweg aus der finanziellen Zwickmühle als Option betrachtet wird.

Ich habe mich nach den Erfahrungen der vergangenen Monate wider besseres Wissen längst darauf eingestellt, in naher Zukunft einen Abstecher in die Golfstaaten zu unternehmen, um meinen Nierenspender zu treffen – obwohl ich habe lernen müssen, dass die Dinge selten so klappen wie geplant. Oskars Mail mit der schlechten Nachricht von der erfolglosen Suche in den Golfstaaten erreicht mich deshalb nicht völlig unvorbereitet.

Sie ist dennoch eine riesige Enttäuschung – und das ist nicht das erste Mal bei meiner Suche nach einer Niere. Ich bin sicher, dass es auch nicht das letzte Mal sein wird. Doch die Hoffnungsschübe, denen mit schöner Regelmäßigkeit Enttäuschungen folgen, zerren an meinen Nerven. Langsam ist der Punkt erreicht, an dem ich zum Aufgeben bereit bin.

Da hilft auch nicht, dass ich nach Hintergrundinformationen über Oskar gesucht habe und mit Ausnahme seiner Eigenwerbung im Internet keinen einzigen positiven Kommentar über ihn finden konnte – dafür aber einen negativen Eintrag. Der Rat des wütenden Exkunden wiegt allerdings so schwer wie Hunderte von Klagen: «Do not trust him», warnt ein Mann kurz und bündig und lässt auf einer eigens eingerichteten Webseite seinem Zorn auf Oskar freien Lauf. «Traut ihm nicht.»

Wenn ich dem Verfasser, einem US-Amerikaner, Glauben schenke, ist Oskar bestenfalls ein unzuverlässiger Hallodri und schlimmstenfalls ein ausgekochter Halunke, denn mein Nierenagent betätigt sich nicht nur im Organgeschäft. Er organisiert Hüftoperationen in Südasien für Patienten, die mangels Krankenversicherung in der eigenen Heimat die hohen Kosten scheuen. Oskar offeriert preisgünstige Magenverkleinerungen für US-Patienten in Mexiko und Thailand. Zudem scheint er auch im lukrativen Geschäft mit Leihmüttern in Indien mitzumischen. Dabei hat es wohl in diesem einen Fall gewaltigen Ärger gegeben.

Der Nordamerikaner, der im Internet seine eindringliche Warnung veröffentlicht, suchte mit seiner Ehefrau nach einer Surrogatmutter, die gegen Bargeld für das Paar einen Embryo bis zur Geburt austragen sollte. Das Paar scheute die hohen Kosten für Leihmutterschaft in der Heimat. Stattdessen hofften die beiden, ihren sehnlichen Kinderwunsch für ein Fünftel des Geldes in Indien zu verwirklichen, und setzten auf Oskar. Jetzt wirft ihm das weiterhin kinderlose nordamerikanische Paar vor, mit falschen Versprechungen geködert worden zu sein. Oskar habe Geld kassiert und für die Summe nichts geliefert.

Rechtliche Mittel bleiben dem Paar nicht. Die geharnischte Tirade im Internet ist ihre einzige Möglichkeit bei der Suche nach Vergeltung. Mit ihrer Anklage wollen sie andere Interessenten abschrecken und Oskar die Geschäfte verderben.

Zumindest in meinem Fall erzielt der Verfasser einen Teilerfolg. Ich bin ordentlich verunsichert, und Oskars Nachricht vom Misserfolg bei der Spendersuche scheint alle meine Zweifel zu bestätigen. Die Schilderung des Paares aus den USA liefert genau den Stoff, aus dem einer meiner schlimmsten Albträume ist. Ausgerechnet jetzt, während des ersten Monats meiner Dialyse, bin ich davon überzeugt, ein weiteres Mal an einen Windbeutel geraten zu sein. Dabei weiß ich genau, dass man den wenigsten Informationen trauen kann, die in dieser weltweit funktionierenden Gerüchteküche namens Internet zu finden sind. Wahrheit, böswillige Unterstellungen, üble Verleumdungen und alle Arten von persönlichen Abrechnungen fügen sich häufig zu einem undurchschaubaren und unübersichtlichen Dickicht von Tatsachen, Halbwahrheiten und Lügen.

Doch wenn ein Mann wie Oskar, auf dem gegenwärtig all meine Hoffnungen auf eine Nierentransplantation ruhen, derart beschuldigt wird, gerät der gesunde Menschenverstand leicht ins Wanken. Ich ergehe mich prompt in endlosen Grübeleien, zumal ich reichlich Zeit zum Nachdenken habe. Alle zwei Tage liege ich geschlagene vier Stunden auf einem Bett im Dialysezentrum. Manchmal schaue ich Nachrichten. Oft lese ich Tageszeitungen. Für alle Fälle habe ich immer ein Buch dabei. Aber nach zwei Stunden verringert sich meistens die Aufnahmefähigkeit, und der Rhythmus der Dialysemaschine wiegt mich in den Schlaf. Das Blutdruckmessgerät weckt mich alle 30 Minuten, wenn die Manschette am Oberarm sich zusammenzieht.

Häufig scheint die Dialyse zudem nicht nur Giftstoffe aus dem Körper zu waschen, sondern auch mein seelisches Gleichgewicht abzusaugen. Nach den Behandlungen bin ich felsenfest davon überzeugt, dass es sich bei Oskar um einen Betrüger handeln muss, der mich um meine Ersparnisse prellt. Jede Minute, die ich während der Blutwäsche an die beigefarbene Decke der Station starre, stärkt meine Überzeugung, dass Oskar sich mit meinem Geld ein schönes Leben in Kalifornien macht und sich über die Luftschlösser amüsiert, mit denen er mich reingelegt hat. Ich schlurfe mit der festen Überzeugung nach Hause, nie wieder etwas von ihm zu hören.

Dabei müsste mir eigentlich klar sein, dass meine Ängste nicht besonders logisch sind – denn warum sollte sich Oskar mit der schlechten Nachricht vom Golf von Arabien bei mir melden, wenn er sich aus dem Staub machen will? Aber mein gesunder Menschenverstand wird offenbar ebenfalls vom Nierenversagen beeinträchtigt.

Es gibt natürlich sehr gute Gründe für die Befürchtung, einem Betrüger auf den Leim zu gehen, schließlich bewegen sich Vermittler wie Oskar und auch Dr. Poh in einer Welt, in der Regeln ein Fremdwort sind und Vereinbarungen per Handschlag besiegelt werden. Und sie profitieren von der Furcht ihrer Patienten.

Kinderlose Elternpaare, die hohe Kosten für Leihmütter in Europa oder den USA scheuen, suchen mit Hilfe von Vermittlern billigere Alternativen in Ländern wie Indien. Patienten mit schweren, unheilbaren Herzproblemen setzen all ihre Hoffnungen auf die Therapie mit Stammzellen. Nierenpatienten wollen sich nicht auf das System offizieller Wartelisten verlassen. Wir alle sind bereit, Geld auszugeben, um unser Ziel zu erreichen. Wir alle gehen das Risiko ein, auf Betrüger hereinzufallen.

Zahllose Berichte aus Pakistan, Moldawien oder der Türkei beschreiben die Verwicklung krimineller Banden in das lukrative Geschäft. Die Gangster brauchen selten eine Anzeige zu fürchten, schließlich bewegen sich Organempfänger im legalen Niemandsland und können sich juristisch nicht wehren. Die Spender wenden sich ebenfalls selten an die Behörden, wenn sie um einen Teil des zugesagten Geldes betrogen werden.

Für mich stellt sich nach der Mitteilung Oskars, er habe in den Golfstaaten keinen Spender gefunden, sofort die Frage, wie es weitergehen soll. Ich kenne sein Netzwerk nicht, aber ich kann mir nicht vorstellen, dass es nun einfach sein wird, woanders einen Spender zu finden. Gezwungenermaßen freunde ich mich mit dem Gedanken an, dass noch viele Wochen, wenn nicht gar Monate bei der weiteren Suche vergehen werden.

Zu allem Überfluss stellt eine Krankenschwester während meiner nächsten Dialysebehandlung fest, dass sich eine der Kanülen, die aus meiner Halsbeuge hervorstehen, schnell verstopft. Sie versucht, den dünnen Schlauch mit allerlei Kniffen und Mitteln zu reinigen. Es hilft nichts. Nach ein paar Minuten stoppt der Blutfluss schon wieder, und die Dialyse wird abgebrochen. Die Kanüle muss ausgewechselt werden. Drei bis vier Monate, hatte der Nephrologe behauptet, würden die Plastikschläuche wahrscheinlich einwandfrei funktionieren. Nun ist einer der überlebenswichtigen Zugänge zu meinem Blutkreislauf schon viel früher blockiert.

Also führt mein Weg wieder in denselben Operationsraum und auf denselben Tisch, auf dem mir vor Wochen die ersten Kanülen eingebaut wurden. Derselbe Chirurg wartet. Sein erster Satz verheißt nichts Gutes: «Es ist kompliziert, an der gleichen Stelle neue Kanülen einzusetzen», erklärt er, «es wäre mir lieber, Ihnen einen permanenten Shunt am Arm zu legen.»

Manche Ärzte scheinen geradezu hinterlistig zu sein, denn wenn man wehrlos auf dem Operationstisch liegt, fällt es nicht leicht, einem Chirurgen zu widersprechen, der quasi schon sein Skalpell an meinen Hals hält. Ich mag mich täuschen, aber ich bin sicher, zwischen den Zeilen etwas ganz anderes herauszuhören: «Junge», will er mir wahrscheinlich wirklich sagen, «mach dir doch nichts vor. Das mit der Transplantation wird nie klappen.»

Möglich, dass er recht hat, aber ich bin trotz aller Fehlschläge und der jüngsten Enttäuschungen noch nicht bereit, die Waffen zu strecken – schon gar nicht wenn der Chirurg über mir steht und mit seinem OP-Besteck vor meiner Nase herumwedelt. «Kein Shunt im Arm», falle ich ihm ins Wort und fahre mit mehr Überzeugung in der Stimme fort, als ich in Wirklichkeit habe: «Ich werde bald eine Transplantation haben.»

Die Zweifel des Mediziners, so sie nicht nur meiner Phantasie entspringen, sind durchaus angebracht. Streng regulierte Nierentransplantationen sind hier immer noch eher die Ausnahme als die Regel. Außerdem zählt in Thailand in erster Linie, wer man ist. Ein Orthopäde des Hospitals, den ich wegen eines verstauchten Knies aufsuche, erzählt mir von seiner fast 70-jährigen Mutter. Sie erhielt im Alter von

60 Jahren kurze Zeit nach ihrem Nierenversagen das Organ eines Unfallopfers.

Eine junge Krankenschwester, die mich nach dem Platzen meiner Zysten auf der Intensivstation des gleichen Hospitals betreut, berichtet mir von ihrer Schwester, einer Mutter von drei Kindern. Sie lebt seit vier Jahren mit der Dialyse, und die Familie hat größtenteils die Hoffnung auf eine Spenderniere aufgegeben. «Wir einfachen Leute haben keine Chance», sagt die Krankenschwester, «in Thailand kommt es darauf an, welche Beziehungen man hat.»

Kein Wunder also, dass der Chirurg Zweifel an meiner Behauptung hegt, ich würde mich bald einer Nierentransplantation unterziehen. Aber ich lasse mich nicht beirren und bleibe stur. Ein Shunt im Unterarm kommt einem Eingeständnis gleich, den Rest meines Lebens an der Dialysemaschine zu hängen. Soll sich der Chirurg doch etwas anstrengen und die Kanülen in meiner Halsbeuge ersetzen.

Eigentlich war ich ursprünglich nicht wegen der medizinischen Versorgung in Bangkok gelandet. Die wichtigste Antriebsfeder für meinen Umzug von Delhi nach Bangkok im Jahr 2001 hieß Überdruss. Nach fünf Jahren in der indischen Hauptstadt hielt ich es nicht mehr in dieser überfüllten, lauten, schmutzigen, staubigen, stinkenden und provinziell wirkenden Metropole aus.

Bangkok verbreitet dagegen die Aura einer Weltstadt; die Stadt schläft nie. In Delhi fallen die Klappen schon lange vor Mitternacht.

Der thailändische Wunsch nach Entspannung und gutem Service, gepaart mit westlicher Lust auf tropisches Klima, asiatische Lebensweise und günstige Geschäftsbedingungen, machen Bangkok zu einer Metropole, in der sich das Vergnügen trotz des täglichen Verkehrsgewühls fast unbewusst in den Vordergrund drängt. Für mich besitzt Bangkok zudem den großen Vorteil regelmäßiger und häufiger Flugverbindungen in nahezu alle Länder meiner Berichtsregion. Vor allem aber lebt es sich in Thailand nicht nur besser, sondern auch billiger als in Indien.

Mit dem Beginn der Dialysebehandlung verliert die Stadt jedoch ihren Reiz – mit Ausnahme des modernen Hospitals, in dem ich behandelt werde. Das Nachtleben brummt weiter, während ich seit Wochen vorwiegend in meiner Wohnung herumhänge und mich langweile. Die vielen Restaurants, Kneipen und Cafés sind nichts für Leute, deren Nieren versagen. Ich fühle mich mit meinen durch die Dialyse erzwungenen 68 Kilogramm Körpergewicht wie ein klappriges Gestell aus Haut und Knochen. Statt mein blasses Gesicht mit den tiefen Falten zu Markte zu tragen, bleibe ich lieber zu Hause und lese, was mir in die Finger kommt.

Ich habe viel Zeit seit dem Beginn der Dialyse. Was soll ich auch tun? Immerhin gewöhne ich mich bald an den regelmäßigen Rhythmus der Behandlungen. Dreimal pro Woche mache ich mich morgens um sieben Uhr zu Fuß auf den Weg in die 400 Meter entfernt liegende Klinik. Mein Ziel ist ein Café im Untergeschoss, in dem ich mir eine kleine Freude mache: einen Cappuccino und ein Stück Gebäck.

Solch kleine Genüsse wirken im Vergleich zu meinem früheren, normalen Leben geradezu mickrig. Meinen täglichen Spaziergang in einem nahegelegenen Park verschiebe ich bald in die Abendstunden. Tagsüber werde ich das Gefühl nicht los, von den Leuten angestarrt zu werden. Die Dunkelheit legt einen sanften Schleier über meine klapprige Gestalt.

Der Versuch, mich mit Hilfe von Tai Chi körperlich etwas aufzumöbeln, scheitert schnell. Stattdessen werde ich zum fanatischen Kinogänger. Die hypermodernen Säle in den luxuriösen Einkaufszentren erscheinen mir wie Filialen des Paradieses. Während der Filmvorführungen sitze ich nahezu unsichtbar im Dunkeln. Ich muss nichts konsumieren, die Kinosäle sind voll klimatisiert, also schwitze ich nicht, verliere keine Flüssigkeit und spüre keinen Durst. Die Kinos gehören zu den wenigen Orten in dieser tropischen Metropole, an denen ich nicht wie sonst das dringende Bedürfnis verspüre, mich bis zum Hals in eine gefüllte Badewanne sinken zu lassen. Ich wäre nie auf die Idee gekommen, dass ein Kinosaal einmal zu meinem Refugium werden würde – und das er sich hervorragend eignet, um der Sehnsucht nach einem Vollbad zu entkommen.

Glücklicherweise bietet Bangkok ein breites Angebot von Hollywood-Blockbustern über südkoreanische Thriller bis hin zu japanischen Kunstfilmen und alten thailändischen Schwarzweißstreifen. Mit etwas Glück sehe ich sogar die Filme thailändischer Regisseure, die auf internationalen Festivals Furore machen, in der Heimat aber zensiert oder verboten sind.

Im Kino, bei einem guten Film, könnte ich mich manchmal fast an das Leben mit der Dialyse gewöhnen – aber nur manchmal. Geduld ist weniger denn je meine Stärke. Es juckt in meinen Fingern. Ich will über die Region

Asien berichten, will vor allem bei den Ereignissen dabei sein, die Tausende von Kilometern in Europa von Zeitungslesern, Fernsehzuschauern und Radiohörern verfolgt werden. Es ist nicht meine Art, dies vom Schreibtisch zu Hause zu erledigen. Ich will meine Nase vor Ort wieder in den Wind strecken.

Ich habe meine Berichtsregion, in der immerhin ein Fünftel der Menschheit lebt, gegen eine neue, kleine Welt eingetauscht, die nur zwei Quadratkilometer groß ist. An vielen Tagen hocke ich niedergeschlagen zu Hause auf dem Sofa und hadere mit mir. Ab und zu sehe ich mich im Internet um, um mehr Informationen über die Folgen von Dialysebehandlungen zu sammeln. Meist bereue ich dies schnell, weil ich oft nur neue, noch deprimierendere Erkenntnisse finde. Nur rund 15 Prozent der Nierenfunktion, lese ich an einem Tag, werden von der Dialyse erledigt.

Wenn Oskar wüsste, wie wichtig er in solchen Momenten für mich ist, könnte er glatt auf die Idee kommen, noch mehr Geld zu verlangen. Denn ohne den Agenten in den USA müsste ich alle Hoffnungen begraben, jemals wieder von der Dialyse wegzukommen. Doch die Zweifel an seiner Seriosität nagen weiter an meinem Vertrauen. Nervös rufe ich den Freund an, der mir den Kontakt vermittelt hat. Dem armen Kerl fällt kaum etwas zur Beruhigung ein. Er murmelt, brummt, gibt andere schwer zu definierende Laute von sich und ringt sich schließlich zu einem tröstenden Satz durch: «Das tut mir wirklich leid. Vielleicht täuschst du dich auch.»

Seit meiner Entdeckung von Oskars wütendem Exkunden versuche ich ihm auf den Zahn zu fühlen und würde ihn am liebsten direkt konfrontieren. Aber ich will ihn nicht verschrecken – er würde ohnehin alle Vorwürfe bestreiten. Doch mein Hoffnungsträger besitzt offenbar einen siebten Sinn: Er überschwemmt mich plötzlich mit Mitteilungen und Informationen, hinterlässt mir seine Mobilnummer und richtet für uns einen Chat-Kanal im Internet ein. Am liebsten würde ich rund um die Uhr mit Oskar in Kontakt bleiben, um ihn stündlich nach dem neuesten Stand zu fragen. Er schickt mir die Webadresse seines Unternehmens, die mit Presseartikeln gespickt ist, in denen sein Unternehmen als Vermittler für legale, billige Operationen im Ausland erwähnt wird. Als Partner nennt er Ärzte und Krankenhäuser auf den Philippinen, in Thailand, Singapur, Indien, am Golf von Arabien und in Mexiko. Das Geschäft mit Surrogatmüttern wird erwähnt, es gibt sogar eine Preisliste, auf der unter anderem die Krankenhauskosten für Nierentransplantationen aufgeführt sind.

Oskar erklärt mir auch erstmals Einzelheiten über den organisatorischen Ablauf. Die Zahlungen werden erst fällig, wenn die Transplantation bevorsteht; das Geld wird ihm angewiesen, dann wird er der Klinik Bescheid geben. Alle anderen Kosten würden ebenfalls erst beglichen, wenn sie fällig werden. Oskar schickt mir einen Schriftsatz mit seinen Geschäftsbedingungen. «Das Unternehmen», so heißt es da, «hat nichts mit der Vereinbarung zwischen dem Organspender und dem Organempfänger zu tun.»

Diese Passage löst bei mir Unbehagen aus, denn ich möchte nicht in die unangenehme Lage geraten, direkt und selbst mit meinem Nierenspender zu verhandeln. Oskar versteht mein Anliegen und verspricht, die Verhandlungen selbst zu führen. Die Höhe der Summe für den Nierenspender taucht entsprechend bei den Vorbereitungen nie auf. Sie ist auch deshalb kein Thema, weil Oskar und ich genau wissen, dass mein ganzes Vorhaben nicht an dieser Zahlung scheitern wird.

Je mehr Oskar mit mir kommuniziert, umso stärker wachsen Zweifel an meinen Zweifeln. Vielleicht hat mein Kollege ja recht, und ich falle nur meiner eigenen Paranoia zum Opfer. Ich frage Oskar nach seinen weiteren Plänen. «Wir suchen in der ganzen Welt», lässt er mich wissen, «du brauchst jetzt etwas Geduld.»

Zum Teufel mit diesen Antworten. Erst lassen Oskar und seinesgleichen jede Hürde wie einen kleinen Stolperstein klingen, und dann bitten sie um Geduld. Der Mann hat gut reden. «Ich bin Dialysepatient!», würde ich gerne in den Telefonhörer brüllen. «Die verbraucht meine ganze Geduld!»

Aber ich schweige lieber. Es bringt nichts, aus der Haut zu fahren. Ich teile meinem Freund mit, dass Oskar sich wieder gemeldet hat und alles einen ordentlichen Gang nehmen wird – wahrscheinlich.

Außerdem hoffe ich mal wieder. Ein Spender ist zwar nicht gefunden, aber Oskar scheint seinerseits die Planungen voranzutreiben und tut so, als würden keine Probleme mehr auftauchen. Seine Mannschaft habe beschlossen, die Transplantation weder auf den Philippinen noch in Singapur zu planen, stattdessen ist die Wahl auf ein Krankenhaus in Mexiko gefallen. Oskar will wissen, ob ich so weit fliegen könne.

Ich wäre nie auf die Idee gekommen, dass ich wegen

meiner versagenden Nieren einmal um die halbe Welt in die Regionen fliegen würde, in denen ich in den achtziger Jahren gelebt und gearbeitet habe. «Der Flug ist kein Problem», antworte ich Oskar und frage nach Ort und Namen des Krankenhauses. Ein paar Minuten später trudeln die Unterlagen im Postfach meines Computers ein. Ich wage mir nicht vorzustellen, wie umständlich vor Jahren die ganze Kommunikation ohne Internet abgelaufen wäre.

Nun aber staune ich. Die Klinik liegt in einer Stadt nahe der Grenze zu den USA, just in dem Gebiet, das seit Anfang des Jahrtausends wegen der bestialischen Gewalt durch Drogenbanden Schlagzeilen macht. Immer wieder werden brutal ermordete Menschen in der Wüste gefunden und die Täter, so scheint es, nie gefasst. Ich fühle mich ein wenig an die Zeiten erinnert, als ich aus Kolumbien über den Drogenkrieg der Regierung und der USA gegen die Kokainkartelle berichtet habe.

Ich weiß, nicht alles wird so heiß gegessen, wie es gekocht wird. Deshalb schreckt mich die Gewalt in der Gegend nicht ab. Aber mir schwindelt es bei der Erkenntnis, wie weltumspannend die von Oskar geplante Transplantation ausfallen wird. Er will einen Spender, den wir noch nicht kennen, von irgendeinem Ort der Welt einfliegen lassen. Ich werde von Bangkok aus um die halbe Welt anreisen und habe die Wahl zwischen der Route über den Pazifik oder Europa. Ein mexikanischer Arzt wird die Niere verpflanzen. Nach der Transplantation werden wir uns dann alle wieder über den Globus verteilen.

Ich weiß dank meiner Recherchen, dass überall auf der Welt Schwarzmärkte für Nieren und andere Organe existieren, aber dass es sich um ein derart engmaschiges und globales Netz handelt, hätte ich mir im Leben nicht träumen lassen. Auf jede neue Regelung und jedes neue Verbot weiß der internationale Organbasar offenbar eine Antwort. Er weicht aus, findet neue Wege. Kliniken, Ärzte, Empfänger und Spender kommen aus verschiedenen Teilen der Welt zusammen und werden wie Schachfiguren auf dem Globus verschoben. Zum Schluss wird operiert, und dann gehen alle Beteiligten wieder nach Hause. Später wird deutlich werden, dass Oskars Informationen gerade mal einen kleinen Zipfel des gesamten Netzes lüften.

Während mir dies klar wird, stelle ich plötzlich fest, dass sich auch mein Status langsam, aber sicher verändert. Zwei Jahre lang bin ich als Bittsteller mit einem Packen Bargeld um die Welt gezogen und habe versucht, eine Alternative zu der Liste von Eurotransplant zu finden. Ich wurde abgewiesen wie ein Hungerleider. Man hat versucht, mich über den Tisch zu ziehen, und ich fühlte mich wie ein Wolf, der Tag für Tag vergeblich Anschluss an ein Rudel suchte.

Bei Oskar bin ich plötzlich König Kunde. «Unser Arzt hat bereits rund 150 Nieren verpflanzt», lässt er mich wissen, «und wenn Sie wollen, können Sie die Klinik und den Arzt auch erst mal besuchen.» Fürchtet Oskar etwa, ich könne wieder abspringen? Glaubt er, dass ich eine Alternative habe? Die Situation ist absurd. Ich habe Sorge, er könne mich hereinlegen, und Oskar wiederum benimmt sich, als ob es um die Wahl zwischen zwei Schönheitschirurgen ginge. Der Trip um den halben Erdball zur Klinikbesichtigung ist verführerisch, aber ich spare mein Geld lieber; wer weiß, welche Kosten noch auf mich zukommen werden.

Oskar und sein Team versuchen eifrig, mein Vertrauen zu fördern. Dabei würde ich seit dem Beginn der Dialyse sogar einen Pakt mit dem Teufel eingehen, um wieder ein halbwegs normales Leben zu führen. Ich scheine mich zwar einerseits langsam an das Leben an der Dialyse zu gewöhnen, aber eigentlich hält mich nur die Aussicht über Wasser, bald auf irgendeine Weise eine neue Niere organisieren zu können.

Ich schaue mir die Klinik im Internet an und studiere den beruflichen Werdegang des Nierenchirurgen. Später werde ich erfahren, dass Oskar überwiegend mit Patienten aus den USA arbeitet. Sie bestehen offenbar darauf, erst einmal das Krankenhaus persönlich zu besichtigen und den Mediziner zu treffen, der die Transplantation übernimmt.

Monate später wird wenige Tage nach meiner Transplantation und kurz nach der Entlassung aus dem Krankenhaus plötzlich eine Frau an meine Hotelzimmertür klopfen. Sie ist im Auftrag ihrer Schwester nach Mexiko gekommen, deren Nieren kurz vor dem endgültigen Versagen stehen. Die Frau, ich schätze sie auf etwa 50 Jahre, könnte zwar ihre eigene Niere spenden, aber wie viele US-Bürger ist sie selbst bei Blutsverwandten nicht zu diesem Opfer bereit. Stattdessen reist sie nun für die Schwester umher. Sie will mit eigenen Augen prüfen, ob Oskars Angaben über Krankenhaus und Ärzte stimmen.

Oskar begleitet sie, und es ist das erste Mal, dass ich ihn persönlich treffe – ein gedrungener Mann, der vom musikalischen Erfolg seiner Tochter schwärmt und offenbar über keinerlei Unrechtsbewusstsein hinsichtlich seiner Geschäfte verfügt. Er hat eine kleine Videokamera mitgebracht und würde gerne ein Interview mit mir über meine Erfahrungen führen, um es als Werbung auf seine Webseite zu stellen. Ich lehne dankend ab, und Oskar wendet sich wieder der Schwester der potenziellen nächsten Transplantationspatientin zu. Diese Überzeugungsarbeit ist nötig. US-Bürger neigen dazu, ihren Nachbarn im Süden nicht über den Weg zu trauen. Nur der Preisvorteil bei medizinischen Behandlungen scheint dafür zu sorgen, dass die Vorurteile überwunden werden.

Ich kenne Mexiko aus meiner Zeit als Korrespondent in Mittelamerika. Ich weiß, dass in diesem Land nicht nur vernünftige, sondern gute Ärzte arbeiten. Das Gesundheitssystem funktioniert ebenfalls einigermaßen gut, obwohl neoliberale Wirtschaftspolitiker versucht haben, es während der vergangenen Jahrzehnte zu untergraben. Ich hege also nicht das übliche Misstrauen gegenüber Mexiko und bin froh, dass ich zumindest damit kein Problem habe.

Als Oskar das Wort Mexiko zum ersten Mal fallenlässt, sehen meine Prioritäten ohnehin noch anders aus. Ich brauche einen Spender – und zwar möglichst bald. Das ist in meinen Augen das entscheidende Hindernis. Solange es nicht überwunden wird, spüre ich kein Bedürfnis, nach der Qualität des Hospitals zu fragen. Ein Schritt nach dem anderen, lautet meine Devise. Bislang fehlt der entscheidende Schritt. Solange Oskar keinen Kandidaten findet, werde ich auch nur einen Teil des Vertrauens aufbringen, das er offenbar so gerne bei mir wecken möchte.

Aber er hat mich bei Telefongesprächen und mit seinen Informationen zumindest so weit überzeugt, dass ich beschließe, die 1000 US-Dollar «Vertrauensprämie» abzuhaken, die ich dem kalifornischen «Transplant Coordinator» Jim Cohan überwiesen habe. Er hatte mich ja gleich zu Anfang wissen lassen, dass er die Summe nicht ersetzen würde.

Vorläufig bin ich nicht einmal übermäßig traurig über das nutzlos ausgegebene Geld. Schließlich gibt es keine Garantie, dass die Oskar-Verbindung zum von mir gewünschten Ziel führt. Falls Oskar versagt, werde ich wahrscheinlich froh sein, Cohan noch einmal ansprechen zu können. Solange er keinen Spender präsentiert, kann er mir den tiefsitzenden Stachel des Misstrauens nicht ziehen.

Nieren-Safari

Links neben mir quetscht sich ein riesiger Kongolese in den schmalen Flugzeugsitz. «Geschäfte», brummt er kurz angebunden auf meine Frage, was ihn nach Asien gebracht hat. Vor uns liegen sieben Stunden Flug in einer prallvollen Maschine. Das Flugzeug ist in der chinesischen Stadt Guangzhou gestartet. Nach einer Zwischenlandung in Bangkok sind wir jetzt unterwegs nach Afrika. Ich werde drei Tage auf dem schwarzen Kontinent verbringen.

Es ist Montagabend. Am frühen Morgen habe ich vier Stunden lang Dialyse absolviert. Für Donnerstag habe ich den nächsten Termin am frühen Vormittag gebucht, damit ich nach der Heimkehr erst noch in meine Wohnung fahren kann. In Afrika ist an meinem Bestimmungsort ebenfalls ein Termin vereinbart – falls ich meinen Rückflug verpasse. Aber es gibt keinen Grund, länger als drei Tage zu bleiben. Ich fliege schließlich nicht nach Afrika, um in Naturparks Löwen, Nashörnern oder Giraffen nachzuspüren. Statt zur Safari reise ich zu einem Laborbesuch. Ich überquere den gigantischen Indischen Ozean, um mir in einem kleinen, möglicherweise nicht besonders sauberen Labor einer afrikanischen Hauptstadt eine Blutprobe entnehmen zu lassen.

Der Plan klingt nicht nur auf den ersten Blick ziemlich verrückt, er besitzt tatsächlich den Hauch von Wahnwitz. Schließlich nehme ich, der Dialysepatient, innerhalb von 72 Stunden insgesamt 14 Stunden Flugzeit für einen Aderlass auf mich, der vielleicht 30 Minuten, mit Wartezeit vielleicht eine knappe Stunde dauern wird. Das Afrika-Abenteuer ist nicht nur teuer, es kostet auch eine Menge Kraft. Außerdem sind lange Flugreisen in meinem Gesundheitszustand wahrlich alles andere als ein Vergnügen.

Bereits eine gute Stunde nach dem Start schwellen Füße und Gelenke langsam an. Ich hole ein Buch aus der Reisetasche. Vor mir liegt eine lange und beschwerliche Nacht. Bald fühlen sich die Füße an, als ob ich zu kleine Strümpfe tragen würde. Bald wird der Zeitpunkt erreicht sein, an dem ich nicht mehr weiß, was ich mit meinen Füßen anstellen soll. Dann verschafft mir nur ein Spaziergang im Gang Erleichterung. Vielleicht muss ich mich auch in die Toilette verziehen, um der Kabinenbesatzung nicht zwischen die Füße zu geraten.

Mein Reiseplan ist genau zehn Tage alt. Ich verdanke den plötzlichen Kurztrip über den Indischen Ozean einem Mann am anderen Ende der Welt. «Wann kannst du nach Afrika fliegen?», lautet die ziemlich überraschende Frage, die Oskar mir vor sieben Tagen gegen Mitternacht thailändischer Zeit am Telefon mit lauter Stimme ins Ohr dröhnt. Zuerst bin ich unsicher, ob ich richtig höre oder träume. Ich bin mir anfangs nicht mal sicher, ob ich die Person am Telefon kenne. Der nächste Satz holt mich jäh in die Wirklichkeit zurück. «Wir haben zwei Kandidaten gefunden, deren Blutgruppe passt und die bereit sind, eine Niere abzugeben», sagt Oskar. Er macht Druck. «Je schneller du fliegen kannst, desto besser.»,

Ich brauche keinen Druck. Ich benötige auch keine

Bedenkzeit. Es ist so weit. Endlich! Ich kann es zunächst kaum glauben. Zwei Jahre lang habe ich auf diesen Tag gehofft. 24 Monate vergeblichen Strampelns liegen hinter mir. Ich möchte die Enttäuschungen nicht zählen. Tage der Mutlosigkeit sind plötzlich vergessen. Alle Zweifel an Oskar, den ich zwischendurch gar für einen Betrüger gehalten habe, sind wie weggeblasen. Ich weiß, noch gibt es keine Garantie, dass einer der beiden Kandidaten tatsächlich zu mir passt. Noch kann ich nicht vom Durchbruch sprechen. Aber so nahe an meinem Ziel war ich noch nie.

Ich bin innerhalb von fünf Minuten bereit, zum Flughafen aufzubrechen. Aber die Zeiten, in denen ich unvermittelt losfahren konnte, sind vorbei. Ich muss meinen Dialysestundenplan organisieren und vor allem erst einmal einen Flug finden, der mich möglichst schnell nach Afrika bringt, so dass meine nächste Blutwäsche nicht zu lange warten muss. Schlafen geht jetzt nicht. Ich suche auf dem Computer nach Flügen. Es gibt mehre Verbindungen pro Woche, stelle ich fest.

Ich rufe Oskar an: «Ab Mitte der Woche geht es.» Es wird fast zehn Tage dauern, bis ich tatsächlich im Flugzeug sitze. Die Verzögerung liegt nicht an mir. Früher ging es nicht, weil es den Kandidaten in Afrika nicht passte. Erst Stunden nach unserem Telefonat fällt mir eine Frage ein, die ich Oskar sofort hätte stellen sollen. Wieso soll ich für einen Bluttest nach Afrika düsen, den ich ohnehin schon mit viel Mühe und Aufwand hier in Thailand hinter mich gebracht habe?

Die Wissenschaft kennt neben der Blutgruppe rund 150 Faktoren im Blut, von denen ein einzelner eine Transplantation ausschließen kann. Deshalb muss das Blut beider Patienten überprüft werden. Diese teuren Untersuchungen sind vor Transplantationen fällig und werden in vielen Ländern streng reguliert. In Thailand wurde das Monopol des Tests dem Nationalen Roten Kreuz übertragen. Die Hilfsorganisation schickt eigene Leute speziell in das Hospital, in dem der entsprechende Patient behandelt wird.

Wie es sich für eine Organisation gehört, die sich als Behörde empfindet, behandelt das Rote Kreuz den Test als wochenlanges Unterfangen. Erst muss ein Termin anberaumt werden, damit Mitarbeiter der Hilfsorganisation Blut abnehmen können. Dann dauert es geschlagene drei bis vier Wochen, bevor die Resultate vorliegen. Mein Arzt in Bangkok musste zudem eine Bescheinigung unterschreiben, dass der Bluttest notwendig sei. In vielen anderen Ländern verweigern Labors den Test, wenn der Auftrag nicht von einer Klinik kommt. Sie wissen, dass es um die Vorbereitung einer Transplantation geht, und wollen das Risiko vermeiden, in eine illegale Organverpflanzung verwickelt zu werden.

Die Ergebnisse der Laboruntersuchung von Thailands Rotem Kreuz befinden sich säuberlich abgeheftet in meiner Reisetasche. Ich habe sie vorsichtshalber eingesteckt, obwohl sie höchstwahrscheinlich überflüssig sind. Schließlich veranstalte ich diesen «Nieren-Jetset» nach Afrika, um die ganze Prozedur zu wiederholen. Der Reisegrund sind die berüchtigten afrikanischen Verhältnisse. Diesmal wirken sie sich zu meinem Vorteil aus.

Der Kontinent ist zum großen Teil immer noch so unterentwickelt, dass es in vielen Ländern keine Labors gibt, die komplizierte Bluttests auswerten können. Die Ausnahme stellt Südafrika dar. Deshalb landen täglich per Luftfracht Hunderte, wenn nicht sogar Tausende von Blutproben aus dem ganzen Kontinent in Kapstadt, Johannesburg und Durban. Die Labors arbeiten schnell, und die Resultate werden per Fax oder E-Mail an die Auftraggeber in den anderen afrikanischen Staaten übermittelt.

Ich sitze nun im Flieger nach Afrika, weil Oskar jeden Hauch eines Verdachts und jedes zeitraubende Problem ausschalten will. Die Blutprobe von einem oder zwei Spenderkandidaten zum Kap der Guten Hoffnung zu senden könnte Argwohn erregen. Auf Anraten seines afrikanischen Partnerlabors beschließt er, Geber- und Empfängerproben gemeinsam nach Südafrika zu schicken.

So komme ich trotz meiner gesundheitlichen Beschwerden zu einer Reise in die Vergangenheit. Ich habe Afrika seit meinem Korrespondentenwechsel nach Indien im Jahr 1995 nicht mehr besucht. Schon der massige Kongolese neben mir erinnert mich an alte Zeiten. Er entpuppt sich als einer der zahllosen Händler, denen ich Anfang der neunziger Jahre überall auf dem Kontinent begegnet bin.

Damals reisten sie aus ihren Heimatländern überwiegend nach Südafrika, fegten die Märkte leer und bezahlten bei der Heimreise Hunderte von US-Dollar für Massen von Übergepäck mit billig eingekauften Waren von Kleidern über Autoersatzteile bis zu Kosmetikartikeln. Auf dem afrikanischen Kontinent traute damals niemand den jeweiligen nationalen Zollbehörden über den Weg. Die Händler zahlten lieber hohe Preise für Übergepäck, als ihre Fracht unbegleitet per Luftfracht in die Heimatländer zu schicken. Knapp 20 Jahre später lohnt sich das gleiche Geschäftsprinzip offenbar selbst dann noch, wenn die Händler Tausende von Kilometern bis nach China unterwegs sind. Jedenfalls ist das Flugzeug vollgepackt mit Passagieren, die zum Großeinkauf in China waren und sich nach der Landung in Ostafrika überall auf dem Kontinent verteilen.

Ich bin froh, als ich nach einer Zwischenlandung ebenfalls endlich an meinem Ziel ankomme. Breite Platanen säumen die Straßen. Es sind sehr viel mehr Autos unterwegs sind als bei meinem letzten Besuch. Afrikas rotbraune Erde schimmert zwischen schütterem Gras, und es geht laut und lebhaft zu, sehr viel geräuschvoller als in Asien, wo Marktgeschrei eher verpönt ist. Ich atme tief durch und stelle sofort fest, dass zumindest die Luftverpestung in Afrikas Städten mit Asiens hypermodernen und überbevölkerten Megametropolen mithalten kann.

Meine geschwollenen Füße schmerzen vom stundenlangen Sitzen im Flugzeug, und ich sehne mich nach einem Sessel und einem Fußbänkchen, um endlich die Beine hochlegen zu können. Mein Hotelzimmer bietet einen Ausblick auf den Swimmingpool, der Schatten von Bäumen voll dichtem Blattwerk schützt die Sitzliegen vor der stechenden Sonne. Es wäre schön, jetzt einfach in das kühle Wasser zu springen und sich die langen Flugstunden aus dem Leib zu schwimmen.

Aber die Krankenschwester, die am Tag zuvor in Bangkok mit einem großen wasserdichten Pflaster die Plastikkanülen auf der rechten Brustseite festgeklebt hat, hat mich sogar mit erhobenem Zeigefinger gewarnt – ich dürfe auf keinen Fall ins Wasser. Immerhin kann ich mich dank des Pflasters vorsichtig in die halb gefüllte Badewanne legen.

Lange hält es mich nicht im Bad, bald wandere ich ziellos im Zimmer umher und streife dann ruhelos durch sämtliche Ecken des verwinkelten Hotelgartens.

Als ich noch in Bangkok war, habe ich mich für den späten Vormittag des Ankunftstages mit einem Mann namens Cyrus verabredet. Er ist die Kontaktperson, deren Telefonnummer Oskar mir vor dem Abflug mit auf den Weg gegeben hat. Cyrus soll alles Nötige vorbereitet haben, dazu gehört auch eine provisorische Buchung in einem Dialysezentrum für den Fall, dass mein Rückflug sich verzögert. Er war dafür verantwortlich, dem Labor Bescheid zu sagen. Außerdem sollte er die beiden möglichen Spender vorwarnen. Nach meiner Ankunft habe ich Cyrus gleich eine Textnachricht geschickt und bin gespannt, ob alles so klappt wie abgesprochen. Außerdem hat Oskar mich neugierig gemacht. «Nimm dir Zeit für Cyrus», lautete sein Rat, «er kann dir viel erklären.»

Mein Zimmertelefon klingelt. Es ist Cyrus. Das Treffen werde sich um etwa 30 bis 60 Minuten verzögern, erläutert er. «This is Africa», sagt er – so ist Afrika – und glaubt, damit genug erklärt zu haben. Pünktlichkeit gilt in den wenigsten Teilen dieser Welt als geachtete und respektierte Tugend. Afrika gehört, das weiß ich von früher, zu den Kontinenten, auf denen eine verabredete Uhrzeit allenfalls als Orientierung dient.

Die zweite Nachricht, die Cyrus mir übermittelt, gibt dagegen Anlass zu neuer Sorge. Einer der Kandidaten habe die Stadt leider plötzlich wegen eines familiären Problems verlassen. «Wie auch immer», sagt Cyrus, «er ist nicht da, und ich weiß nicht, ob er sich wieder meldet.» Ich sage nichts; mein Afrika-Trip beginnt nicht gerade vielversprechend. Es kann sein, dass der abgesprungene Kandidat die Wahrheit gesagt hat. Es kann auch sein, dass er es sich anders überlegt hat. Jedenfalls sind meine Chancen, in Afrika den geeigneten Spender aufzutreiben, während meines Flugs von Bangkok um stolze 50 Prozent geschrumpft.

Ich kann nur hoffen, dass sich der andere Kandidat nicht ebenfalls aus dem Staub macht. Das hofft Cyrus ebenfalls. «Er ist in der Stadt», sagt er, «ich kann ihn nicht erreichen. Aber keine Bange, ich weiß, wo er arbeitet. Dort können wir ihn immer finden.» Der Mann antwortet mit einer Zuversicht, die ich inzwischen kaum noch ertragen kann. Immer wieder diese Antworten, es gebe kein Problem – wenn doch gerade ein neues Problem aufgetaucht ist! Ich hasse meine zornige Hilflosigkeit, die immer dann wie eine Lawine über mich hinwegdonnert, wenn meine Hoffnungen wieder mal einen Dämpfer erhalten. Vor allem aber würde ich es aus tiefster Seele genießen, wenn endlich und nur ein einziges Mal etwas so klappen würde, wie es geplant war. Stattdessen tauchen regelmäßig kleine und größere Probleme auf.

Diesmal überfällt mich in meinem Hotelzimmer mit Blick auf den Pool eine unbändige Wut. Ich schaffe es zwar, den Telefonhörer sanft auf die Gabel zu legen. Dann aber reiße ich den Kühlschrank auf und verschlinge voller Frust die gesamte Schokolade, die in der Minibar zu finden ist. Zum Teufel mit der Diät, denke ich mir, zur Hölle mit Potassium und was weiß ich für Stoffen. Zum Teufel mit Afrika, Oskar und seinen Kontaktleuten. Dann brülle ich vor Schmerz auf, weil ich barfuß gegen einen Stuhl getreten habe und nun ein paar Zehen entschieden protestieren.

Die Aussicht, vergeblich über den Indischen Ozean nach Afrika geflogen zu sein, lässt mein Nervenkostüm flattern. Ich rede mir selbst gut zu und beruhige mich, schließlich wird weder Wut noch Verzweiflung die Lage ändern. Stattdessen bete ich nun wie ein Koranschüler immer den gleichen Satz: «Jetzt hilft nur Ruhe. Abwarten!» Schließlich wirken meine Bemühungen sogar. So viel apathische Geduld hätte ich mir nie zugetraut.

Ich bin froh, als Cyrus endlich vor mir sitzt. Der große, breitschultrige Mann mit markanten Kieferknochen, einem breiten Kinn, fleischigen Ohren und muskulösen Händen will mich aufmuntern. Der verbliebene Kandidat für eine Nierenspende habe sich gemeldet und werde am Nachmittag zum vereinbarten Termin erscheinen. Ich atme auf. Aber völlig beruhigt bin ich nicht. «Wann kommen die Ergebnisse des Labortests?», will ich wissen. Er zuckt mit den Schultern. «Das wird ein paar Tage dauern, bis die Leute in Südafrika antworten. Genau kann ich das nicht sagen.» Und was ist, wenn es nicht klappen wird? Soll ich solange warten, bis die Resultate da sind? Schließlich haben wir jetzt nur noch einen Freiwilligen an der Hand. Cyrus zuckt mit den Achseln. «Das wird schon klappen», sagt er, «da bin ich sicher.»

Wenn Cyrus wüsste, dass er nur knapp einem Tobsuchtsanfall entgeht. Dieser verdammte Optimismus bringt mich zur Weißglut! Aber Cyrus reagiert auf all meine Nachfragen mit unerschütterlicher Gelassenheit. «Also, der andere Kandidat ist weg, den können wir vorläufig nicht holen, außerdem hat es keinen Zweck, hier auf die Ergebnisse zu warten. Denn wenn es mit diesem Kandidaten nicht klappt, wird es Wochen dauern, bis wir einen neuen Spender finden können. Am besten, du fährst wie geplant nach Hause.»

Jetzt bleibt nur noch, Cyrus wegen der «vielen interessanten Dinge» auszufragen, von denen Oskar mir erzählt hat. Cyrus bestellt sich einen Apfelsaft. Er weiß, dass ich Journalist bin, und verkündet als Erstes, wir seien Kollegen. Er würde für lokale Medien schreiben. «Aber ich beschäftige mich nicht mit Nachrichten. Ich schreibe lieber Analysen über nationale Fragen», sagt er stolz und reicht mir die Meinungsseite einer Tageszeitung mit einem seiner Artikel. Es handelt sich um eine Abhandlung über die ethnischen Bruchlinien seines Heimatlands.

Wie die meisten Staaten Afrikas verdankt Cyrus' Land seine Grenzen der früheren kolonialen Herrschaft und umfasst ein wahres Sammelsurium verschiedener ethnischer Gruppen. Sie kommen im Allgemeinen gut miteinander aus, aber zu Wahlzeiten gibt es regelmäßig Ärger. Kulturelle und religiöse Unterschiede brechen auf, und manchmal gibt es blutige Konflikte. Häufig sind die politischen Führer schuld. Sie können nicht verwinden, wie sich mit den Zeiten das Wahlverhalten ändert. Die Stammwählerschaft wählt zwar immer noch größtenteils entsprechend der ethnischen Zugehörigkeit, aber die Mittelschicht der Städte im Land ist immer mehr das Zünglein an der Waage und erweist sich zum Ärger der Führung zunehmend als unberechenbar – denn wenn es mit der Wirtschaft nicht besonders gut klappt, wechselt die Mittelschicht kurzerhand die Partei und schert sich wenig um ethnische Ursprünge.

Ich höre den Ausführungen von Cyrus nur mit halbem Ohr zu. Sie sind zwar spannend und überraschen mich – ich hatte einen etwas schrägen Typen als Kontaktmann und keinen afrikanischen Intellektuellen erwartet. Aber ich platze vor Neugierde wegen der Andeutungen von Oskar. «Was meint er denn damit?», will ich von Cyrus wissen. Seine Antwort: «Du kannst mich alles fragen, was die Transplantation angeht.»

Wenn es einen Fachmann für die Begleitumstände einer Transplantation gibt, ist es tatsächlich Cyrus. Auf der schattigen Hotelveranda entpuppt er sich unter gemächlich rotierenden Ventilatoren als der Nierenspender, der ein halbes Jahr in Mexiko warten musste. Die Empfängerin war jene Jamaikanerin, die aus gesundheitlichen Gründen erst nach sechs Monaten operiert werden konnte. «Wirklich lustig war das nicht», erzählt Cyrus und grinst etwas schief, «ich bin manchmal schier umgekommen vor Langeweile.»

Während die Patientin sechs Monate lang wartete, saß Cyrus ebenfalls in Nordmexiko herum. Er fand ein Einkaufszentrum, in dem ein Friseurladen aus für Cyrus unerfindlichen Gründen vorwiegend Reggae-Musik spielte. «Da habe ich mich jeden Tag rasieren lassen», erzählt er, «und bin anschließend so lange wie möglich geblieben, um mit den Leuten zu schwatzen.» In einem anderen Laden leiht er sich hin und wieder eine DVD. Dank des Players im Hotelzimmer kann er so die Zeit totschlagen.

«Irgendwann habe ich dann auch ein Lokal gefunden, auf dessen Fernseher internationale Sportkanäle liefen», erzählt er, «die Kellner haben mich zum Glück lange dort sitzen lassen, obwohl ich kaum etwas getrunken oder gegessen habe.» Aber nach ein paar Wochen stellt Cyrus seine Stippvisiten in dem Lokal ein, denn zu seinem Leidwesen gehört zu der Kneipe ein Spielkasino. «Ich wäre aus Langeweile beinahe einmal an einen der Spielautomaten gegangen, aber stell dir vor, ich gehe nach Mexiko und verkaufe meine Niere, weil ich das Geld haben möchte. Und dann verspiele ich es dort in einem Kasino.» Cyrus schüttelt sich vor Unbehagen, als er an die Versuchung denkt, der er damals widerstehen konnte. «Wir geht es dir jetzt mit nur einer Niere?», wage ich schließlich die Frage. «Am Anfang», sagt Cyrus freimütig, «hatte ich etwas Schwierigkeiten. Aber ich lebe gesund, mache Sport und lasse mich regelmäßig untersuchen», antwortet er, «jetzt fühle ich mich wie vorher.»

Wenn er wüsste, wie beruhigend seine Worte klingen. Viele Vermittler und Ärzte erzählen zwar, dass der Mensch völlig normal mit nur einer gesunden Niere leben kann, aber mich beschleicht oft die Frage, wie es meinem Nierenspender zukünftig ergehen wird. Schließlich kenne ich die Geschichten von den Philippinen und aus Pakistan, laut denen Spender über gesundheitliche Beeinträchtigungen und Beschwerden klagen. Die Sorge um die Gesundheit der Menschen, die mir gegen Geld eine Niere überlassen wollen, bringt mich zwar nicht von meinem Vorhaben ab, aber die Erfahrungen von Cyrus beruhigen mein Gewissen.

Seine Reise nach Mexiko und die Transplantation öffneten für Oskars Kontaktmann die Tür zu einem neuen Geschäftszweig. Seit seiner Rückkehr in die Heimat sucht Cyrus gegen Provision nach Landsleuten, die wie er bereit sind, eine ihrer Nieren zu verkaufen. Ich will nicht wissen, wie viel er dabei verdient. Ich frage ihn auch nicht, wie er bei seiner Suche vorgeht, denn ich kann mir nicht vorstellen, dass er in einer Zeitung oder im Internet eine Anzeige schaltet. Jedenfalls scheint Cyrus zu wissen, wie er die ganze Angelegenheit angehen muss. Schließlich hat er in weniger als einem Monat jemand aufgetrieben, der am Nachmittag zur gemeinsamen Blutprobe mit mir erscheinen wird – sofern der Kandidat es sich nicht in letzter Minute anders überlegt und plötzlich abspringt.

Schließlich landet das Gespräch bei dem Krankenhaus, in dem die Transplantation stattfinden soll. «Oh», sagt Cyrus, «das Krankenhaus ist ziemlich sauber. Und die Ärzte sind nett.»

Ich weiß nicht genau, was ich mir erhofft habe. Cyrus bemüht sich sichtlich, viel zu sagen hat er allerdings nicht. Seine Niere soll im Körper der Jamaikanerin gut funktionieren, erzählt er. Der Frau gehe es gut, soweit er weiß. Sie sei zum Zeitpunkt der Transplantation schon sehr krank gewesen. «Ich glaube», sagt er, «du kannst Oskar, dem Krankenhaus und den Ärzten in Mexiko trauen.»

Cyrus Worte klingen wie Balsam. Außerdem ist er die erste Person aus Fleisch und Blut, der ich bei den transkontinentalen Bemühungen für eine Transplantation begegne, seit ich mit Oskar in den USA zu tun hatte. Ich kann endlich von Angesicht zu Angesicht mit jemandem sprechen, der die ganze Prozedur durchlaufen hat. Cyrus hat am eigenen Leib erlebt, wie es im Umfeld der Transplantation zugeht. Außerdem weiß er, was von Visaangelegenheiten bis zu Ticketbuchungen alles zu tun sein wird, wenn mein Nierenspender tatsächlich aus seinem Heimatland stammt.

Erstmals seit Beginn meiner Dialysebehandlung glaube ich, dass dieses Licht am Ende des Tunnels keine Einbildung ist. Zum ersten Mal seit dem Reinfall mit Dr. Poh in Bangkok spüre ich so etwas wie konkrete Zuversicht, dass mein Plan Erfolgsaussichten besitzt.

Im Kopf summiere ich meine bisherigen Ausgaben. Die 1000 US-Dollar, die ich Jim Cohan überwiesen habe, dürften weg sein. Die Summe, die Oskar vorab für seine Bemühungen von mir erhalten hat, scheint gut investiert gewesen zu sein. Die Kosten der Reise nach Afrika waren hoch. Ich habe viel investiert, aber es scheint sich endlich etwas zu bewegen.

Andererseits bin ich nach den Erfahrungen der vergangenen beiden Jahre zu einem besessenen Anhänger der These geworden, dass etwas schiefgehen wird, wenn etwas schiefgehen kann. Ich beschließe, stoisch das vorbereitete afrikanische Programm abzuspulen und der Dinge zu harren, die da kommen sollen. Cyrus schaut auf die Uhr. «Bis nachher dann», sagt er zum Abschied, «wir kommen dich in ein paar Stunden abholen.»

Jetzt sitze ich in dem Kleinwagen, in dem Cyrus diesmal pünktlich vorgefahren ist. Er sitzt vorne neben einem Bekannten, der die klapprige Kiste steuert, und versucht am Mobiltelefon, einen Treffpunkt mit dem potenziellen Spender auszumachen. Wir wollen den Kandidaten irgendwo in der Stadt abholen, um ihm die Zeit der sonst fälligen Busfahrt und Taxikosten zu ersparen.

Der Wagen hält auf einer vierspurigen Schnellstraße an der Einfahrt zu einer Seitenstraße. Es gießt in Strömen; keine Menschenseele lässt sich blicken. Durch den Vorhang aus Regen sind hinter einigen Bäumen schemenhaft Gebäude zu sehen, aber es ist nicht zu erkennen, ob es sich um

Wohnungen, Fabriken, ein Elendsquartier oder um eine bessergestellte Gegend handelt.

Fünf Minuten vergehen. Der Uhrzeiger rückt zehn Minuten vor, 20 Minuten. Immer noch ist keine Menschenseele zu sehen. Ich hocke auf dem Rücksitz und versuche, alle Zweifel und Bedenken zu verdrängen. Cyrus telefoniert und erklärt mir dann, dass unser Mann Schutz vor dem Regen gesucht hat. Endlich hört der Regen schlagartig auf, und dann steht jemand neben dem Auto. Wortlos setzt er sich ins Auto, und wir fahren zu einem kleinen Einkaufs- und Bürozentrum.

Das Labor liegt in einem schmalen Seitentrakt eines weißen Gebäudeblocks. An den Wänden in der Empfangshalle sind Plastikstühle aufgereiht. Zwei Mitarbeiter in weißen Kitteln hinter der Empfangstheke füllen mit Bleistiften eifrig Formulare aus. Drei Männer im Wartezimmer starren mich an. Offenbar gehört ein Weißer in diesem Labor nicht zu den üblichen Kunden. Cyrus hat uns angemeldet, und wir müssen tatsächlich nicht lange warten.

Dann kommt die Überraschung. Mein Name steht zwar auf der Liste der angekündigten Patienten, aber das Personal weiß nicht, welche Art von Blutprobe es abnehmen soll. Cyrus weiß es auch nicht, und mir geht ein Licht auf. Nicht Cyrus, sondern Oskar in Kalifornien kennt den Laborbesitzer. Offenbar war es einfach, zwischen Asien, den USA und Afrika einen Termin in der Hauptstadt des afrikanischen Landes zu arrangieren. Aber dabei haben die Beteiligten vergessen, die Art des notwendigen Bluttests auszutauschen.

Ich werde blass. Das darf und kann es doch nicht geben, auch in Afrika nicht. Kurz entschlossen hole ich mein thailändisches Mobiltelefon aus der Tasche und rufe Oskar in den USA an. Zeitunterschied hin oder her, mir ist das egal. Glücklicherweise hebt er ab. «Five minutes», beruhigt er mich – fünf Minuten. Wenn das so weitergeht, werde ich noch eine Herzattacke erleiden. Mein Puls rast, meine Finger zittern. Ich befürchte schon wieder das Schlimmste. Nach zehn Minuten taucht die Besitzerin des Labors im Wartezimmer auf und bittet unsere kleine Delegation in ein Behandlungszimmer. Oskar hat tatsächlich angerufen und das Missverständnis aufgeklärt.

Nun sitze ich plötzlich allein mit meinem potenziellen Nierenspender, einer mir wildfremden Person, vor einem Mann in weißem Kittel, der fröhlich die Utensilien für die Blutentnahme bereitlegt und uns für alte Freunde hält. Mein Nebenmann, seinen Namen kenne ich immer noch nicht, soll als Erster zur Ader gelassen werde. Ich warte vor der Tür, bis ich an der Reihe bin.

Nach 30 Minuten ist alles vorbei. Ich stehe vor dem Eingang des Labors. Cyrus verhandelt am Telefon irgendetwas mit Oskar. Ich schüttele meinem möglichen Nierenspender die Hand und danke ihm. Wir gehen zum Auto, setzen ihn in der Nähe seiner Arbeitsstelle ab, und ich werde zurück ins Hotel gebracht. Es ist eine unwirkliche Begegnung.

Morgens angekommen und nachmittags die Blutprobe abgegeben – im Grunde könnte ich gleich zurückfliegen. Aber ich bin in Afrika, so häufig gibt es keine Flüge nach Bangkok. Ich beschließe, einen Tagesausflug in ein nahegelegenes Naturschutzgebiet zu unternehmen. Schließlich ist

Afrika berühmt für seine Tiere, und warum soll ich die verbleibende Zeit nicht nutzen, um Giraffen, Antilopen und ein paar Nashörner zu bestaunen, bevor ich mich wieder auf den Weg nach Thailand mache. Nieren-Jetset mit Naturerlebnis – wer macht das schon.

Doch als ich schließlich das Flugzeug nach Bangkok besteigen will, stoppt mich zu meiner Überraschung ein Mitarbeiter der Fluggesellschaft. «Sir», sagt er, und ich sehe mich bereits in Handschellen begleitet von zwei Polizisten neben einer Dialysemaschine in Afrika. Hat mich jemand angezeigt? Haben wir uns im Labor strafbar gemacht? Hat vielleicht ein Labormitarbeiter Verdacht geschöpft? «Wo ist Ihr Impfpass?», will der Mann von der Fluggesellschaft wissen. Ich stelle mich nicht nur blöd, ich bin fassungslos und starre ihn mit offenem Mund an. «Impfpass?» Und dann dämmert es mir. Ich habe schließlich lange genug in Afrika gelebt. Auf dem Kontinent grassieren zahlreiche Tropenkrankheiten, deshalb bestehen manche Länder auf besonderen Vorsichtsmaßnahmen.

Thailand verlangt einen internationalen Impfpass mit dem Nachweis einer Impfung gegen Gelbfieber – also genau den zerfledderten alten Impfpass, den ich in Bangkok liegengelassen habe. Ohne Bescheinigung einer Gelbfieberimpfung, erklärt mir der Mann vor der Flugzeugtür, würde Thailand mich postwendend nach Afrika zurückschicken. Ich habe keine Ahnung, ob ich mich angesichts meiner Dialysebehandlung impfen lassen darf oder ob sie überhaupt wirkt. Aber hier am Flughafen bleibt jetzt keine Zeit, dies zu prüfen. Das Flugzeug nach Bangkok ist fast startklar, in 20 Minuten soll es losgehen. Ich weiß, dass eine Diskussion nur wertvolle Zeit kostet. Also mache ich mich schleunigst auf den Weg zum Büro der medizinischen Abteilung des Flughafens und finde eine freundliche Dame. «Wir haben leider geschlossen», erklärt sie mir, «Sie müssen morgen wiederkommen.»

Ich mobilisiere jedes Quäntchen Erfahrung der vergangenen Jahrzehnte, um die energisch wirkende Beamtin umzustimmen. Ich bettele, ich erzähle ihr von meinem Nierenproblem, ich zetere ein wenig und beende meine verzweifelte Tirade etwas weinerlich mit der demütigen Frage: «Können Sie keine Ausnahme machen?» Ich hätte mir meine Rede sparen können. «Sind Sie bereit, eine Gebühr zu zahlen?», fragt die Mitarbeiterin und gibt mir zu verstehen, dass ich selbst die Höhe der «Impfsteuer» bestimmen müsse.

Ich schaue auf die Uhr, 13 Minuten noch bis zum Abflug. Zu wenig Zeit zum Feilschen. Ich hole einen Hundert-US-Dollar-Schein aus der Tasche und erhalte im Tausch einen brandneuen gelben internationalen Impfpass, in dem mit sorgfältiger Druckschrift mein Name eingetragen ist und ein offizieller Stempel amtlich bestätigt, dass ich eine Gelbfieberimpfung erhalten habe. Zum Glück wissen die Grenzkontrolleure am Flughafen in Bangkok nicht, dass ich nach Afrika geflogen bin, um eine Blutprobe abzugeben und ohne Impfung, aber mit einem nagelneuen Impfpass und um 100 US-Dollar erleichtert nach Thailand zurückkehre. Als ich ein paar Stunden später im Dialysezentrum für meine nächste Blutwäsche Platz nehme, muss ich ausnahmsweise mal lächeln.

Ein paar Tage später finde ich eine E-Mail von Oskar in meinem Postfach. Sie besteht aus einem Satz: «Bluttest positiv. Wir haben einen Spender.» Ich sitze eine geschlagene Stunde vor der Nachricht und kann es kaum glauben. Sechs Worte, die meine Welt verändern. Es gibt wirklich Grund zur Hoffnung. Die Möglichkeit, wieder ein fast normales Leben zu führen, ist in greifbare Nähe gerückt. Nun ist es nur noch eine Frage der Zeit, hoffe ich. Der Tag, von dem ich geträumt und an den ich manchmal schon nicht mehr geglaubt habe, liegt dicht vor mir. Jetzt fehlt nur noch die Transplantation.

Ich wage es, zu jubeln.

Seltsame Begegnung

Die lange, dürre Gestalt mit einer randlosen Nickelbrille auf der Nase schlendert gemütlich auf das Auto zu. Die federnden Schritte lassen erahnen, dass der Mann es gewohnt ist, lange Strecken per Fußmarsch zu bewältigen. Das kurzgeschorene Haar kann höchstens ein paar Millimeter lang sein. In der linken Hand trägt er eine Plastiktüte, aus der ein Regenschirm, eine Wasserflasche und ein paar Stiefel mit festen Sohlen hervorlugen. Er hat sich gut vorbereitet für die Regenzeit. Bei dem Schauer, der während der vergangenen 30 Minuten heruntergekommen ist, half allerdings nur die Flucht unter ein Dach.

Wir haben bei fast geschlossenen Fenstern im Auto geschwitzt und auf ihn gewartet. Der nachlassende Regen macht alle Entschuldigungen überflüssig, und wir begrüßen den neuen Fahrgast mit einem formellen «Guten Tag». Er sagt «Hallo» und biegt seine lange Gestalt wie ein Fragezeichen, um sich auf die schmale Rückbank unseres altersschwachen Autos zu drücken. Die Knie des neuen Passagiers drücken tiefe Dellen in das Polster des Fahrersitzes.

Cyrus hockt auf dem Beifahrersitz und gibt seinem Mitarbeiter am Steuer Anweisungen zur Fahrtrichtung. Bei uns auf der Rückbank herrscht Schweigen. Ich hocke hinter dem Beifahrersitz; viel Platz benötige ich mit meiner dialysegeschrumpften Statur nicht. Die Stimmung erinnert mich etwas an die angespannte Atmosphäre konspirativer Treffen mit Vertretern von Untergrundbewegungen. Man sagt nur das Nötigste, behält die Umgebung im Auge, um mögliche Verfolger zu entdecken, und ist vor allem wegen des Risikos nervös.

Aber dieses Rendezvous auf afrikanischem Boden bietet nicht einmal in der wildesten Phantasie Anlass für die Vermutung, dass Gefahr im Verzug sein könnte.

«Regnet es viel in diesen Tagen?», versuche ich etwas lahm, die Stille zu durchbrechen. Als Reaktion kommt ein einsilbiges «Ja». Dann schweigen wir wieder so eisern, als ob jemand ein Redeverbot erlassen hätte. Der neue Passagier stellt sich nicht vor, und Cyrus hält es nicht für nötig, uns miteinander bekannt zu machen. Mein Nachbar auf der Rückbank starrt aus dem Fenster. Als die minutenlange Ruhe fast unerträglich wird, wende ich mich ebenfalls den Wasserschwaden zu, die vorbeirauschende Fahrzeuge erzeugen.

Dabei könnte der Mann, der rechts neben mir schweigend seinen Plastikbeutel voll Utensilien zwischen den Knien zusammenpresst, mein Retter sein. Wir kennen unsere Namen nicht, aber wir wissen voneinander, dass wir die gleiche Blutgruppe haben. Ich weiß, dass er bereit ist, mir eine seiner Nieren zu überlassen. Er weiß, dass meine Nieren nicht mehr funktionieren, und er kann es mir auch ansehen.

Während der Fahrt im Auto wissen wir noch nicht, ob unsere Gemeinsamkeiten für eine Transplantation ausreichen. Wir sind unterwegs zu einer Blutprobe, die Klarheit bringen soll. Der Test wird zeigen, ob bei dem Mann aus Afrika und mir, dem Europäer, irgendetwas im Blut schwimmt, das eine Organtransplantation verhindert.

Mein potenzieller Retter und ich verbringen bei dieser ersten Begegnung wenig Zeit miteinander. Ich mustere ihn aus den Augenwinkeln. Er hat schmale Hände mit langen, knöchrigen Fingern. Trotz der gekrümmten Sitzhaltung ist nicht einmal der kleinste Ansatz eines Bauches zu erkennen. Hemd und Hose sind sorgfältig gebügelt, zeigen aber Zeichen von Verschleiß. Am linken Armgelenk trägt er eine Uhr mit grellbunten Farbtupfern. Die randlose Nickelbrille hat nicht den kleinsten Kratzer. Er hat eine gerade Nase und ein markantes Kinn. Die vollen Lippen sind etwas trocken. Vielleicht von der Aufregung? Der stoische Gesichtsausdruck verbirgt jede Gefühlsregung.

Sein Mobiltelefon klingelt, er fummelt den Apparat aus der rechten Hosentasche und brummt auf Suaheli etwas. Es ist ein neu aussehendes chinesisches Modell, ein Smartphone. Je ärmer die Länder, je schlechter die Infrastruktur, umso pfiffiger scheinen die Menschen im Umgang mit mobiler Kommunikationstechnik zu sein.

Cyrus scheint der einzige Passagier im Wagen zu sein, dem die unterschwellige Spannung egal ist. «Wir sind da», sagt er, als der Wagen auf einem Parkplatz ausrollt. Im Gänsemarsch trotten wir gehorsam hinter ihm ins Gebäude. Ich bilde das Schlusslicht, weil ich dank meiner körperlichen Verfassung der Langsamste bin. Cyrus verläuft sich in den Gängen und muss erst herumfragen, um das Labor zu finden.

Eurotransplant-Patienten in Europa erfahren nie, woher ihr neues Organ stammt. Sie haben die Möglichkeit, der Familie des verstorbenen Spenders anonym einen Dankesbrief zukommen zu lassen. Von Lebendspendern in Europa habe ich erfahren, dass sie dazu neigen, mit Argusaugen darauf zu achten, ob der Empfänger sorgsam mit dem neuen Organ umgeht.

Laut meinem aus dem Internet stammenden Wissen legen die meisten Agenten auf dem internationalen Nierenbasar angeblich großen Wert darauf, dass Spender und Empfänger sich nicht begegnen. Sie wollen verhindern, dass Organspender nach der Transplantation mit immer neuen Geldforderungen aufwarten. Oskar hat von solchen Vorsichtsmaßnahmen anscheinend nichts gehört – oder er hält sie für überflüssig.

So kommt es zu dieser seltsamen Begegnung in Afrika, bei der keiner von uns beiden weiß, wie er sich verhalten soll. Ich bin eigens nach Afrika gekommen, um gemeinsam mit dem Unbekannten die Blutprobe abzugeben, die ergeben wird, dass wir beide ein «Transplantationsmatch» sind. Ich weiß in den Minuten vor der Blutprobe nicht, ob ich Distanz zu dem Mann halten soll, dessen Niere möglicherweise einmal in meinem Unterleib im Rhythmus meines Herzens durchblutet wird.

Im Labor erfahre ich wenigstens seinen Namen. Er heißt Raymond; mit diesem Vornamen trägt er sich jedenfalls auf dem Anmeldezettel des Labors ein. «Hallo!» Ich nutze kurz entschlossen die Gelegenheit und reiche ihm meine Hand. «Ich heiße Willi. Ich bin sehr dankbar für Ihre Bereitschaft, mir zu helfen.» Raymond nickt. Immerhin erzählt er, dass er etwas in Eile ist. Die Fahrt zum Labor bedeutet für ihn einen Abstecher. Er muss pünktlich zur Nachtschicht in dem Warenlager erscheinen, in dem er jobbt. Er hat erst vor einem halben Jahr bei der Firma angefangen und möchte die Stelle nicht riskieren. Raymond ist 28 Jahre alt, stammt aus der Provinz des Landes und ist vor etwas mehr als einem Jahr in die Hauptstadt gezogen.

Das Eis bricht dennoch nicht. Wir sitzen nebeneinander im Wartezimmer auf harten Plastikstühlen und harren der Dinge. Als wir in ein Laborzimmer gerufen werden, stellt sich ein Mann in weißem Kittel hinter einem schmalen Metalltisch als der Arzt vor, der unser Blut entnehmen soll. Fein säuberlich reiht er eine Menge leerer Röhrchen vor sich auf, zählt, stellt fest, dass es nicht genug sind, und geht Nachschub holen.

Raymond schweigt. Auch ich sage kein Wort. Ich möchte zu gerne wissen, was hinter seiner unbeweglichen Miene vorgeht. Ohne ein Wort zu wechseln, scheinen wir beide zu dem Ergebnis zu gelangen, uns am Besten erst mal gar nichts zu sagen. Wir sind beide so unsicher, dass wir informell und ohne Absprache beschließen, uns gegenseitig fremd zu bleiben.

Das Eis bricht plötzlich und unerwartet. Der Mann im weißen Kittel kehrt mit einer zusätzlichen Ladung Röhrchen für die Blutprobe zurück und macht sich an die Arbeit. Zuerst bindet er Raymonds linken Oberarm mit einem Gummischlauch ab; die Venen an den muskulösen Unterarmen, die ohnehin deutlich hervortreten, scheinen zu bersten. Als der Arzt die Nadelspitze an der Vene ansetzen will, springe ich wie von einer Tarantel gestochen auf und stürze aus dem Raum. «Ich kann dabei nicht zusehen!», rufe ich, bevor die Tür ins Schloss fällt. Als Antwort ernte ich lautes Gelächter der beiden Afrikaner.

Als ich ein paar Minuten später zum eigenen Aderlass

ins Labor zurückkehre, hockt Raymond auf seinem Plastikstuhl, drückt mit einem Wattebausch auf die Einstichstelle und grinst über das ganze Gesicht. «Du willst meine Niere in deinem Körper tragen», amüsiert er sich, «aber mein Blut kannst du dir nicht ansehen.»

Er besitzt offenbar neben Humor auch ein feines Gefühl für absurde Momente und eine Portion Schadenfreude. Meine Entschuldigung, ich könne nicht einmal im Kino zuschauen, wenn sich jemand eine Spritze setzt, amüsiert ihn zusätzlich. Vergnügt schaut er zu, als der Arzt meine Vene anzapft und ich wie immer bei Einstichen reflexartig einen Fuß vorschnellen lasse. «Alles klar», denke ich, «Raymond hat mir gezeigt, wer hier die eisernen Nerven besitzt.»

Er hätte sich die mehr oder minder subtile Mutprobe sparen können. Mir ist ohnehin klar, wer von uns beiden der Macho mit Nerven wie Stahlseilen ist. Ich sitze schließlich aus reiner gesundheitlicher Not in diesem Labor, denn ich habe die Wahl zwischen Dialyse, jahrelangem Warten oder einer fremden Niere. Der meinem Eindruck nach kerngesunde Raymond dagegen beschließt aus eigenem Antrieb, eine seiner Nieren zu versilbern und ein gesundheitliches Risiko einzugehen.

Schließlich muss nach der Transplantation seine verbliebene Niere für zwei arbeiten. Es gibt zudem immer das Risiko einer späteren Erkrankung. Diese Entscheidung kann dem 28-jährigen Afrikaner nicht leichtfallen. Auf alle Fälle verbreitet er nicht den Eindruck, dass er seinen Beschluss leichtfertig gefasst hat.

Zumindest kommen wir dank meiner überstürzten Flucht aus dem Laborzimmer endlich ins Gespräch. Raymond beschreibt sich als «Sicherheitsfachmann». Das hört sich gut an. Er bewacht seit sechs Monaten im Schichtdienst den Eingang des Warenlagers einer Spedition.

In den fünf Jahren vor seiner Anstellung, so gesteht er mir bei unserem Gespräch nach der Blutentnahme im Wartezimmer des Labors, war er überwiegend arbeitslos. Raymond schlug sich mehr schlecht als recht als Tagelöhner durchs Leben. Mal schuftete er auf einem Neubau, häufig fand er einen Job als Beifahrer auf einem der Lastwagen, die mit Ladungen voller Waren durch Ostafrika touren. Zwischen solchen Fuhren gab es häufig lange Wochen, in denen er gar nichts verdiente. Just zu der Zeit, als mich in Bangkok eine Krankenschwester zum ersten Mal aus dem Operationsraum ins Dialysezentrum rollt, findet er eine feste Anstellung als Wächter. «Jetzt brauche ich nicht mehr zu hungern», erzählt er, «aber ich kann nichts sparen, um mir eine Zukunft aufzubauen.»

Wie sich herausstellt, begegnen sich in diesem Labor in Afrika zwei Träumer. Ich sehne mich nach einer Rückkehr zu einem fast normalen Leben, und Raymond träumt den Traum, Unternehmer zu werden. Dabei ist der junge Mann alles andere als ein Hans Guck-in-die-Luft, dem wagemutige, aber unrealistische Vorstellungen im Kopf herumspuken. Er bleibt mit beiden Beinen fest auf dem Boden der Wirklichkeit.

Raymond sehnt sich danach, ein eigenes Geschäft in seinem Heimatort, einem kleinen Städtchen tief in der Provinz, zu betreiben. Er will Kühltruhen in seinem Geschäft aufstellen, um Tiefkühlkost und kalte Getränke anbieten zu können, und er glaubt, mit dem Verkauf von Kreditgutscheinen für Mobiltelefone seinen Umsatz verbessern zu können. Er denkt auch darüber nach, sein Geschäft zu einer Anlaufstelle für den Versand und den Empfang von Geld, Dokumenten und kleinen Warensendungen auszubauen. Vor allem ist Raymond überzeugt, dass er keine Konkurrenz fürchten muss. In dem Städtchen gibt es laut seinen Erzählungen nur wenige Wettbewerber.

Raymond scheint zu den Afrikanern zu gehören, die fest entschlossen sind, ihr Glück als Geschäftsleute zu versuchen. Wie Millionen von anderen Bewohnern Afrikas genießt er jedoch nicht das Vertrauen der Banken; ihm fehlt das Bargeld für den Start in die erträumte Zukunft. Eine seiner Nieren soll ihm nun zu dem Startkapital verhelfen, das ihm für sein Vorhaben fehlt. «Ich bin jetzt 28 Jahre alt», sagt er, «es wird Zeit, dass ich etwas aus mir mache.»

Es wird das erste und vorletzte Mal sein, dass ich mit Raymond über finanzielle Fragen rede, denn ich werde nie mit Raymond über den Preis verhandeln, der ihm für seine Niere vorschwebt. Ich werde ihm auch nie direkt Geld überweisen. Oskar in Kalifornien hat mit mir vereinbart, dass diese Angelegenheiten von ihm erledigt werden. Legal treibt mich der Wunsch, nicht direkt in solche kommerziellen Details verwickelt zu werden; ich bezahle Oskar für seine Dienste und will ansonsten keine weiteren Einzelheiten kennen. Außerdem möchte ich unbedingt vermeiden, direkt mit meinem Spender um den Preis eines Organs feilschen zu müssen.

Nach meiner ersten Begegnung mit Raymond bin ich froh über diese Entscheidung. Er weiß offensichtlich, was er will, aber es besteht immer die Möglichkeit, dass er es sich anders überlegt. Ich will auf alle Fälle einen Sinneswandel wegen Unstimmigkeiten in finanziellen Fragen vermeiden.

Zurück in Bangkok, erzähle ich dem Arzt im Dialysezentrum beschwingt, dass ich endlich einen Spender gefunden habe. Am liebsten würde ich dem Chirurgen, der mir im Operationssaal einen permanenten Shunt vorschlug, meinen Mittelfinger entgegenstrecken. Die langen Monate der Ungewissheit sind endlich vorüber, und das Ende meines Lebens mit der Dialyse ist absehbar. Es kann zwar immer noch einiges schiefgehen: Raymond könnte es sich anders überlegen, oder die Behörden verweigern ihm das Einreisevisum für Mexiko. Mir fallen unzählige unüberwindbare Hindernisse ein.

Ein paar Tage später erhalte ich eine E-Mail von Raymond, in der er eine ganze Reihe von Fragen anspricht, die zu klären seien. Wahrscheinlich hat Cyrus ihm meine Adresse gegeben. Ich weiß jedenfalls auf die meisten Fragen keine Antwort und verweise ihn an Oskar. In den kommenden Wochen öffne ich jeden Tag mit einem nervösen Knoten im Bauch mein E-Mail-Postfach. Ich fürchte, dass Raymond es sich anders überlegt hat, aber wahrscheinlich ist er mindestens so entschlossen wie ich.

Uns trennt der Indische Ozean, und uns verbindet eine Niere, die noch in seinem Körper arbeitet. Stur hält der junge Afrikaner an den einmal gefällten Entscheidungen fest – eine Eigenschaft, die ich schätzen lerne und manchmal fürchte.

Denn wie eigensinnig Raymond sein kann, wird ein paar Wochen später deutlich. Er nimmt sich viel Zeit für die Reisevorbereitungen, macht Ferien, besucht seine Verwandtschaft. Er lässt sich Zeit, um Versicherungen abzuschließen und Verträge zu unterschreiben. Ich bekomme nicht genau mit, was sich im Hintergrund alles abspielt; Oskar gibt mir nur hin und wieder Berichte über den neuesten Stand. Aber es vergehen fast zwei Monate zwischen meiner Heimkehr aus Afrika und meinem Abflug aus Bangkok Richtung Mexiko.

Raymond verlässt zufällig am gleichen Tag seine Heimat und macht sich ebenfalls auf den Weg. Bei dieser Reise verlässt er erstmals in seinem Leben den afrikanischen Kontinent. Als wir uns kurz vor Mitternacht am Flughafen der nordmexikanischen Stadt treffen, in der wir die kommenden Wochen verbringen werden, steht er geduldig in einer Warteschlange des Zolls. Sie gilt nur für Passagiere mit zu verzollenden Waren. Aber ich kann Raymond nicht überreden, einfach mit mir an der Kontrolle vorbeizuspazieren. Stur bleibt er in der Schlange stehen, während ich vor der Ankunftshalle den Fahrer auftreibe, der uns abholt.

Diese Eigensinnigkeit bringt unsere mexikanischen Gastgeber später ebenfalls an den Rand der Verzweiflung, denn Raymond ist ein Mann, der weiß, was er will. Allerdings weiß er häufig nicht, wie er es bekommen soll. Vielleicht ist es Unsicherheit angesichts des fremden Landes, vielleicht ist er nur schüchtern – jedenfalls gibt er tagelang keinen Laut von sich, obwohl es ihm in der ersten Woche in Mexiko miserabel gehen muss.

Kurz nach seiner Ankunft im gemeinsamen Hotel bittet er um eine Kochplatte im Zimmer. Nach einigen Verhandlungen einigen sich Hotelführung, Oskars Vertreter und Raymond auf einen kleinen Mikrowellenherd. Das Hotel, das schon viele von Oskars Patienten beherbergt hat, stellt schnell klar, dass es sich um ein äußerst unübliches Begehren handele. Jedenfalls scheint das Problem gelöst – bis Raymond einige Tage später zögernd an meine Zimmertür klopft. Ihm sei übel und schwindelig, erzählt er. Außerdem fühle er sich fiebrig.

Wir bestellen einen Wagen und eilen in die Klinik. In der Ambulanz findet der Arzt schnell die Ursache von Raymonds gesundheitlicher Krise. Mein Nierenspender leidet an den Folgen von Dehydrierung. Der Mediziner ist überzeugt, dass Raymond in dem staubtrockenen Wüstenklima nicht genug getrunken habe. «Unsinn», protestiert Raymond lauthals, «ich stamme aus Afrika. Ich weiß, was ich trinken muss.» Tatsächlich stellt sich schließlich heraus, dass die Wurzel seiner Malaisen nicht nur bei der mangelnden Flüssigkeitsaufnahme zu suchen ist.

Raymond gesteht nach langer Diskussion, dass er seit der Ankunft fast nichts gegessen hat. Er liefert eine schaurige Begründung: Auf seiner persönlichen Speisekarte stehen nur gekochte Speisen; gegrilltes Fleisch oder gebratener Fisch kommt ihm nicht auf den Tisch. Just diese Mahlzeiten gehören aber zum nordmexikanischen Speiseplan wie Sancho Pansa zu Don Quixote. Gekocht wird höchstens mal Gemüse. Leider gibt es nur einen Mitarbeiter im Hotel, der die kulinarischen Vorlieben des Mannes aus Afrika nachvollziehen und umsetzen kann, doch er befindet sich seit Tagen im Urlaub. Der Mikrowellenherd ist nie im Zimmer angelangt, und Raymond beschloss, lieber nichts zu essen.

«Warum gehst du nicht in den Supermarkt auf der gegenüberliegenden Straßenseite?», frage ich ihn und setze mich bei seiner Antwort verblüfft auf eine Bank. «Niemand will mein Geld wechseln», antwortet er. Raymond hat nur afrikanische Währung in der Geldbörse, aber von seinen Schwierigkeiten hat er weder mir noch Oskars Mitarbeitern etwas erzählt. «Warum sagst du mir nicht Bescheid?», frage ich ihn. «Du bist krank», lautet die ebenso nette wie dumme Antwort, «ich will dich schonen.» Der junge Mann ist so besorgt über meinen Gesundheitszustand, dass er das eigene Wohlergehen vergisst. Ich halte ihm einen Vortrag und versuche ihn mit Engelszungen zu der Einsicht zu bewegen, dass ein verdurstender oder verhungernder Nierenspender mir in keiner Form hilfreich sein könne.

Ein paar Tage später muss Raymond selbst über die Angelegenheit lachen – als endlich alle Schwierigkeiten ausgeräumt sind. Der urlaubende Küchenchef befindet sich wieder im Dienst, wir besorgen Raymond mit dem «Unternehmen Bargeld» mexikanische Pesos, damit er im gegenüberliegenden Einkaufszentrum nicht nur gucken, sondern auch einkaufen kann. Ich schaue fortan jeden Nachmittag bei ihm im Zimmer vorbei – um sicherzugehen, dass mein Nierenspender weiter bei Kräften bleibt.

Nur für ein unüberwindbares Hindernis finde ich kein Mittel. Raymond findet keinen sozialen Anschluss, obwohl er alle Adressen in der Tasche hat, die sein Landsmann Cyrus während seines sechsmonatigen Aufenthalts in Mexiko gesammelt hat. «Ich verstehe das Englisch der Mexikaner nicht», begründet Raymond seinen Entschluss, ein Leben als Einsiedler im Hotelzimmer zu führen. Ich kann wenigstens mit einer Reihe von englischsprachigen Büchern helfen, seine Langeweile zu bekämpfen.

Doch sehr lange bleibt es nicht ruhig im Umfeld meines afrikanischen Hoffnungsträgers. Während wir auf den Transplantationstermin warten, erleidet seine Mutter in der Heimat einen schweren Unfall. Raymond erfährt, dass sie mit Kopfverletzungen in ein öffentliches Krankenhaus eingeliefert wurde. Die Informationen sickern nur spärlich durch; Raymond steht in telefonischem Kontakt zu seiner Schwester, die wiederum nicht im Ort der Mutter lebt. Sie ist auf Informationen von Nachbarn angewiesen und braucht einige Tage, bis sie am Krankenbett der Mutter eintrifft. Raymond beschließt, Geld in die Heimat zu überweisen, um die Mutter in ein Privathospital verlegen zu lassen.

Seine Mutter wird in eine Privatklinik verlegt, wacht bald aus dem Koma auf, und nach einigen Tagen verkündet Raymond: «Sie ist auf dem Weg der Besserung.» Die Episode ist ein gutes Beispiel, wie leicht Familien in armen Ländern wegen eines unvorhergesehenen Ereignisses aus dem finanziellen Gleichgewicht geraten können, wenn das notwendige Bargeld nicht vorhanden ist. Sie zeigt aber auch, mit welch erstaunlicher Beharrlichkeit Raymond an seinen Prinzipien festhält.

«Warum bittest du nicht Cyrus um Hilfe?», frage ich ihn, als er zu Beginn der Krise in der Heimat weder ein noch aus weiß. «Ich will so wenig mit ihm zu tun haben wie möglich», lautet die Antwort. Nicht nur ich, auch Raymond wird offenbar von Misstrauen gegenüber den Leuten geplagt, mit denen er zu tun hat. Möglichst wenige Menschen in seinem Umfeld sollen wissen, dass er plötzlich einen Batzen Geld besitzt.

Viele Afrikaner verschweigen sogar speziell vor der

eigenen Verwandtschaft, wenn sie eine Arbeitsstelle gefunden haben – aus Furcht, dass die gesamte Sippe wie selbstverständlich einen Anteil aus der Lohntüte beansprucht.

Entwicklungshilfeexperten beschreiben dieses Clanverhalten als eine der Wurzeln für die Schwierigkeiten, Afrika endlich von der Armut zu befreien. Vielen Afrikanern würde der Ehrgeiz fehlen, so behaupten sie, weil sie mit den Früchten ihrer Arbeit eine Verwandtschaft versorgen müssen, die auf der faulen Haut liege. Raymond jedenfalls scheint gewitzt genug, seine Karten dicht an der Brust zu halten.

Mein mexikanischer Chirurg zeigt sich tief beeindruckt von ihm – dank einer Perspektive, die man als Normalbürger eher selten einnimmt. «Ich habe kein Gramm Fett auf seiner Hüfte gefunden», berichtet der Arzt nach der Transplantation. Auf den Dutzenden von Fotos, die seine Assistentin während der Operation macht, sind in der klaffenden Operationswunde wirklich nur gut durchblutete Muskeln zu sehen.

Raymonds strenger Diätplan, laut dem er nur gekochte Nahrung zu sich nimmt, hat ihn in Afrika vor schweren Krankheiten bewahrt – und verhindert, dass er Speck an den falschen Stellen ansetzt. Während der gemeinsamen Wochen in Mexiko habe ich mit Ausnahme von Raymonds Ernährungskrise nie über seinen allgemeinen Gesundheitszustand nachgedacht. Aber heute, Jahre später, muss ich ihm für seine Essgewohnheiten dankbar sein. Denn dank seiner gesunden Lebensführung lebe ich mit einer Niere, die meine Ärzte angesichts der guten Werte immer wieder überrascht.

Manchmal kann ich mein Glück kaum fassen: Raymond wurde zu meinem Nierenspender, weil er nach zweijähriger vergeblicher Suche als erster und einziger Kandidat auftauchte. Ich hätte damals wohl jede Niere genommen, die mich von der Dialyse befreit hätte. Dank Raymonds Lebensstil lebe ich nun mit einer Niere, wie man sie sich als Empfänger kaum besser wünschen kann. Ich kann gar nicht dankbar genug für den Zufall sein, der uns zusammenführte.

Ich habe Raymond nie gefragt, ob er bei der Heimreise zwei Wochen nach der Operation Kopien der Fotos von seiner Nierenentnahme eingepackt hat. Mich faszinieren zwei Aufnahmen der Transplantation immer wieder. Ein Bild zeigt die entnommene Niere, von Eis umgeben in einer Metallschüssel, bevor sie mir eingepflanzt wird. Die andere Aufnahme ist ein kurzes Video. Die Niere befindet sich in meiner Leiste, der Arzt löst die Klemmen, und man kann sehen, wie sich Raymonds Niere mit meinem Blut füllt. Ich liege in diesem lebensentscheidenden Augenblick noch tief in der Narkose und Raymond wieder in seinem Krankenbett.

Nach der Transplantation erholt er sich nur zwei Türen entfernt von mir in seinem eigenen Zimmer; die Krankenschwestern erzählen, dass er täglich nach meinem Befinden fragt. Wegen der Infektionsgefahr darf er mich kurz vor seiner Entlassung nur einmal kurz von der Tür meines Krankenzimmers aus begrüßen. Nach meiner Entlassung klopft er alle zwei Tage an meiner Hoteltür, um herauszufinden, wie es mir geht. Die Treffen verlaufen fast so seltsam wie unsere erste Begegnung. Ich bleibe in der offenen Tür stehen, zum Schutz gegen Ansteckungen mit einer Gesichtsmaske vermummt. Raymond steht vor mir in der Sonne und strahlt. Jede kleine Verbesserung, die er in meinem Gesicht zu erkennen glaubt, macht ihn sichtbar stolz.

Zwei Wochen nach unserer Entlassung aus der Klinik tritt er dann den Heimflug an. Er ist ein wenig aufgeregt und voller Vorfreude, und ich wage mich an diesem heißen Vormittag zum ersten Mal seit der Transplantation in die Empfangshalle. Bislang habe ich sie wegen der Ansteckungsgefahr gemieden. Eine Maske vor Mund und Nase, ergreife ich mit beiden Händen seine rechte Hand. «Raymond», sage ich, «du glaubst nicht, wie dankbar ich dir bin. Ich wünsche dir alles Gute.» Doch Raymond hat keine Zeit für einen emotionalen Abschied. Sein Kopf ist schon fast wieder in der Heimat. «Good luck», sagt er, viel Glück. Und dann fügt er noch hinzu: «Geh vorsichtig mit meiner Niere um.»

Er gibt mir zwei Bücher zurück, dann wirft er seine kleine Reisetasche in den Kofferraum des klimatisierten Wagens, der ihn zum Flughafen bringt. Zwei Tage wird er unterwegs sein, bis er die Heimat erreicht. Ich habe ihn seither nicht wieder getroffen. Ab und zu höre ich auf Umwegen, dass es ihm gutgehen soll, und manchmal erhalte ich Kopien von E-Mails, in denen er versucht, noch etwas mehr Geld von Oskar zu erhalten.

Ich bin wieder da!

Der Tag der Operation verblasst langsam in meiner Erinnerung. Die ersten 72 Stunden nach der Transplantation verschwimmen in einem ungeordneten Haufen kurzer Erinnerungen und langen Schlafpausen. Immerhin erkenne ich an diesem Abend bei einem Besuch in der Klinik auf Anhieb die Krankenschwester wieder, die während der ersten zwei Tage nach der OP rund um die Uhr neben einer Anrichte mit Bergen von Medikamenten, Verbänden, Kanülen, Spritzen und anderen medizinischen Utensilien Wache gehalten hat. Ich bin heute zum Abschiedsbesuch in die Klinik gekommen. Der Chirurg hat mich aus meinem Hotelzimmer zu sich ins Sprechzimmer gerufen, um über mein zukünftiges Leben mit der fremden Niere zu reden.

Raymond ist schon vor zehn Tagen abgereist und dürfte längst wieder in seiner Heimat angekommen sein. Gemeldet hat er sich nicht mehr. Meine Bekannten, die für den Fall einer Katastrophe bei der Operation nach Mexiko gekommen sind, haben sich mittlerweile zum Kurzurlaub nach Kalifornien verabschiedet und werden in diesen Tagen zu Hause eintreffen. Ich muss insgesamt drei Wochen lang bleiben. Der Arzt will sichergehen, dass es keine Komplikationen gibt.

Im Stillen danke ich dem Zufall. Ich erinnere mich an meine Nierensuche, und mir fällt ein, was ich über die Praktiken in China erfahren habe. Transplantation, drei Tage Krankenhausaufenthalt, dann Abreise lautet im Fernen Osten das Motto. Mir geht es mittlerweile ganz gut, und ich erhole mich täglich spürbar ein wenig mehr. Aber es bleibt mir ein Rätsel, wie Patienten in China so kurz nach dem Eingriff stundenlange Flugreisen oder gar Busfahrten ertragen. Es muss eine Tortur sein.

Ich bin mit meinen Bekannten etwas mehr als eine Woche nach der Transplantation in ein Dorf an der Pazifikküste gefahren. Wir haben stundenlang bei fangfrischen Garnelen, Frijoles, den landesüblichen braunen Bohnen, und Guacamole gespeist, aber bei der Fahrt habe ich jedes Schlagloch in meiner Leiste gespürt. Auf einen zweiten Ausflug verzichte ich deshalb lieber dankend. Stattdessen wandere ich am späten Nachmittag zu einem kleinen Laden um die Ecke, der gefrorenen Joghurt mit frischem Obst verkauft.

Ich fühle mich in Mexiko gut aufgehoben, aber es ist still geworden in meiner Umgebung. So still, dass ich mich regelrecht auf den Arzttermin freue. Ich hoffe, dass ich grünes Licht für die Heimreise erhalte. Die Visite wird an diesem Tag außerdem die einzige Abwechslung in meinem recht öden Tagesablauf sein. Zweimal am Tag klingelt alle zwölf Stunden mein Wecker. Ich bin noch ein transplantierter Anfänger und nehme voller Sorge um meine dritte Niere im Leib alle Anweisungen sehr genau.

Der Wecker klingelt, weil ich auf jeden Fall pünktlich das halbe Dutzend Medikamente einnehmen möchte, das sich auf einer Kommode in meinem Hotelzimmer stapelt. Einige sollen eine Abstoßung der Niere verhindern. Ich muss meinen Mund mit einer gelben Flüssigkeit ausspülen, um Entzündungen am Zahnfleisch zu verhindern. Kaum etwas wäre in dieser Phase wenige Tage nach der Transplantation problematischer als eine Infektion.

Ich lasse mir meine Mahlzeiten aufs Zimmer bringen, damit mich andere Gäste nicht versehentlich anstecken. Trotz aller Vorsicht macht das Leben schon wieder Spaß. Tagsüber bleibe ich am liebsten im Zimmer, um der Sonne zu entgehen. Vor Sonnenbädern soll ich mich fortan hüten, weil die Immunsuppressoren auch die Abwehrkräfte der Haut gegen UV-Strahlung mindern. Ich setze mich morgens nur für eine halbe Stunde vor der Tür in den Schatten, wenn mein kleiner Bungalow gereinigt wird.

Meine Zeit kommt nachts, wenn alle anderen Gäste längst in den Federn liegen und die Bullenhitze der nordmexikanischen Wüste milden Temperaturen weicht. Dann schlurfe ich eine halbe Stunde lang in weiter Hose und dünnem T-Shirt über die Betonpfade der Hotelanlage. Die Spaziergänge bereiten mir Vergnügen und sind keine Qual wie die Abstecher über den glühenden Asphalt zum Einkaufszentrum auf der gegenüberliegenden Straßenseite oder zu dem kleinen Laden um die Ecke. Am meisten zählt jedoch, dass ich mich recht unbeschwert bewegen kann, denn die wenigen Gäste, denen ich in den Nachstunden begegne, haben entweder ihre Begleiterin im Kopf oder sind zu betrunken, um mich mit meinem Mundschutz und meinem vom Verband gewölbten Bauch wirklich wahrzunehmen.

Lesen, Essen, Fernsehen, nächtliche Spaziergänge zwischen Palmen – davon hatte ich zwar nicht geträumt, doch ich bin so schwach, dass nach jedem Ausflug im Hotelgarten eine Erholungspause notwendig wird. Aber allein die frischen Erdbeeren, die ich mir zum Frühstück auf der Zunge zergehen lasse, retten den ganzen Tag.

Seit über zwei Wochen bin ich schon nicht mehr im Dialysezentrum gewesen. Ich habe mir aber an einem Tag ein Taxi genommen und bin an dem Gebäude in der Stadt vorbeigefahren. Nach meiner Heimkehr in Bangkok werde ich es mir Wochen später nicht nehmen lassen, ab und zu einmal am Eingang des Dialysezentrums vorbeizugehen. Erklären kann ich das nicht; vielleicht ist es morbide Neugierde. Vor allem aber gibt es keine Garantie, dass ich nicht doch eines Tages wieder als Patient auf einem der Betten lande. Ich weiß schließlich nicht, wie lange Raymonds Niere sich in meinem Körper hält. Manchmal treffe ich eine der Krankenschwestern der Dialyseabteilung; sie freuen sich, weil es mir so gut geht.

In Mexiko spüre ich schon wenige Tage nach der Transplantation, dass ich an einigen Stellen meines ausgemergelten Körpers wieder etwas Masse ansetze. Das liegt vielleicht auch an der Schokolade, die neuerdings so gut schmeckt. Ich kann zusätzliches Gewicht gut gebrauchen, denn ich bringe seit der Operation nur noch müde 60 Kilogramm auf die Waage.

In meiner Halsbeuge stecken auch noch immer die Kanülen für die Blutwäsche. Es ist eine Vorsichtsmaßnahme des Arztes. Falls es Komplikationen geben sollte und meine neue Niere nicht so arbeitet, wie sie soll, kann ich im Notfall ohne große Umstände schnell an eine Maschine angeschlossen werden.

Beinahe wäre es tatsächlich so weit gekommen. Ein

paar Tage nachdem ich das Krankenzimmer mit dem kleinen Hotelbungalow getauscht habe, werden meine Beine wieder dicker. Ich muss mich übergeben und entdecke zu meinem Schrecken plötzlich viele Symptome, die ich aus den Tagen kurz vor meinem endgültigen Nierenversagen kenne. Dabei muss ich regelmäßig Urin lassen, aber ich liege schlapp im Bett und kann mich kaum erheben. Der Arzt schüttelt voller Sorge den Kopf und berät sich im Flüsterton mit einem Kollegen. Ich kann verstehen, wie er leise auf Spanisch murmelt: «So etwas habe ich noch nicht gesehen.» Meine Niere funktioniert zwar, so das Ergebnis der medizinischen Beratungen. Aber sie arbeitet nicht so kräftig wie nötig.

Mir schwant Böses. Aber ich fühle mich zu schwach, um mir große Sorgen zu machen. Apathisch lasse ich mich ins Krankenhaus bringen, denn der Doktor hat beschlossen, meiner Niere auf die Sprünge zu helfen. Über eine Infusion erhalte ich ein Entwässerungsmittel, und es ist, als hätte Raymonds Niere auf einen solchen Weckruf gewartet. Plötzlich arbeitet sie, als ob sie gedopt wäre. Lustigerweise lerne ich später, dass dieses Mittel früher tatsächlich von Leistungssportlern genutzt wurde. In meinem Fall ist eher die Zahl der Toilettengänge rekordverdächtig. Ich kann förmlich zuschauen, wie meine Elefantenbeine abschwellen.

Als der Kreatininwert sich als normal erweist, atmet nicht nur der Arzt auf. Mir fällt ebenfalls wieder einmal ein zentnerschwerer Steinbrocken vom Herzen, denn die Möglichkeit, trotz allen Aufwands der vergangenen Wochen und trotz Transplantation erneut an der Dialyse zu landen, hat mir ordentlich den Appetit auf frische Erdbeeren beim Frühstück verdorben.

Aber nun ist die kleine Krise überstanden, und es ist an der Zeit, mir die Leitlinien meines zukünftigen Lebens einzuprägen. Im Krankenhaus hat mir der Mediziner bei der Entlassung zum Abschied eine 30 Seiten lange, munter gestaltete Broschüre in himmelblauem Einband übergeben. Die Autoren der für die USA gedachten Informationsbroschüre bemühen sich, fröhliche Stimmung zu verbreiten und Transplantationspatienten gleichzeitig von übermütigen Abenteuern abzuhalten.

Mit dem positiven Ausblick ist es jedoch schnell vorbei. «Eine Nierentransplantation ist keine Heilung. Es ist eine Übergangslösung. Sie sind immer noch krank», verkünden die Autoren gleich am Anfang. Angesichts des halben Dutzends Pillen, die ich seit der Transplantation zweimal am Tag schlucke, wäre ich darauf wahrscheinlich auch selbst gekommen. Aber die Spaßbremser sind mit diesem derben Hinweis noch lange nicht zufrieden. Wenig später setzen sie dem neuen Leben auch zeitliche Schranken. «Transplantierte Niere halten üblicherweise fünf bis zehn Jahre», schreiben die Verfasser.

Wenn ich ihnen glaube, sollte ich mich gleich an die Planung machen. Laut dieser Rechnung habe ich noch genau 20 Geburtstage zu feiern. Zehn an dem Datum, das in meinem Pass steht, zehn weitere am jeweiligen Jahrestag der Transplantation. Vielleicht ist es an der Zeit, meine bucket list zusammenzustellen und wie Jack Nicholson im gleichnamigen Hollywood-Film während des kommenden Jahrzehnts nur noch zu unternehmen, was ich schon immer machen wollte. Stattdessen beschließe ich, dass ich zu der Gruppe der Glücklichen gehöre, die eine längere Lebenserwartung mit der transplantierten Niere haben. Schließlich finde ich in der Literatur den Hinweis, dass manche Menschen schon 20, bisweilen sogar fast 30 Jahre mit einer fremden Niere leben.

Statt bucket list interessiert mich erst einmal, wie ich nach Hause komme. Schließlich steht mir ein Heimflug von Mexiko nach Bangkok mit runden 24 Stunden reiner Flugzeit bevor, und dank eines Zeitunterschieds von 14 Stunden werde ich anschließend den mexikanischen Abend in einen thailändischen Morgen verwandeln. Aber die Regel, meine Medikamente morgens und abends verlässlich im Zwölf-Stunden-Abstand einzunehmen, kollidiert mit meiner Absicht, in Europa ein paar Tage Pause einzulegen. Mich bewegt die Frage, wie ich den Medikamenten-Rhythmus anpassen kann. Kein Problem, sagen die sorgenvollen Autoren der Informationsbroschüre. Patienten sollen nach der Ankunft im neuen Tagesrhythmus weitermachen. Mir fällt ein Stein vom Herzen, denn im Klartext bedeutet der Hinweis, dass Reisen kein Problem darstellt.

Das gesundheitliche Risiko ist nicht ganz so einfach in den Griff zu bekommen, denn der Alltag, so erscheint es mir nach den Warnungen des Arztes und einem ersten oberflächlichen Studium der himmelblauen Broschüre, besteht aus einer heimtückischen Kette von hinterlistig lauernden Gefahren. Menschenansammlungen meiden lautet das erste Gebote beim Leben mit einer fremden Niere, also keine öffentlichen Verkehrsmittel nutzen, Flugzeuge meiden, an keiner Demonstration teilnehmen, kein größeres Krankenhaus besuchen, Wartezimmer in Arztpraxen voller Kranker meiden.

Ich sehe mich bereits als Eremit in einer Höhle leben, doch der Rückzug aus der Zivilisation in die Einöde der menschenleeren Berge ist ebenfalls keine gute Idee, denn in jeder Höhle hausen Käfer, Mäuse und der ein oder andere Floh. Haustiere, so warnt die Broschüre eindringlich, sind auch nicht angesagt. Sie sind ebenfalls Träger von Krankheitskeimen.

Jeder Schnupfen hat dank der Immunsuppressiva, die meine körpereigenen Abwehrkräfte weitgehend ausschalten, das Potenzial, ein größeres Problem zu werden. Bei der kleinsten Infektion soll ich mich melden, hat mir der Arzt schon bei der Entlassung mit auf den Weg gegeben. Während der ersten Wochen nach der Transplantation ist das Risiko besonders groß, weil die Medizindosierung noch sehr hoch ist. Selbst ein Besuch beim Zahnarzt zur regelmäßigen Reinigung der Zähne wird zukünftig mit der Einnahme von Antibiotika verbunden sein, um Infektionen zu verhindern.

Ehrlich gesagt kann ich die lange Liste der Hinweise und Warnungen nicht richtig ernst nehmen, schließlich hat mein mexikanischer Chirurg mich am Tag der Entlassung aus dem Krankenhaus abends bereits in ein japanisches Restaurant voller Gäste geschleppt. Ich trug zwar eine Mundmaske, die, so lerne ich ein paar Wochen später, als Schutz jedoch völlig unnütz und überflüssig ist.

Die Sukiyaki-Suppe, die ich bei dem gemeinsamen Abendessen mit meinem Doktor voll Heißhunger gegessen habe, weckt nach Monaten des durch Diätvorschriften erzwungenen Darbens einen regelrechten kulinarischen Heißhunger. Zu meiner Erleichterung steht in meiner himmelblauen Gesundheitsfibel nur ein Tabu: Grapefruit. Ich darf weder ihren Saft noch das Fruchtfleisch anrühren.

1750 auf der Karibikinsel Barbados aus einer spontanen Kreuzung zwischen Orangen und Pampelmusen gezüchtet, hat die Grapefruit ein spezielles Verhältnis zur Leber. Erfreulich für Kaffeetrinker ist, dass Grapefruit und Leber gemeinsam die Wirkung von Koffein verstärken. Für Menschen mit transplantierten Organen ist bedeutsamer, dass der gleiche Effekt auch bei der Einnahme von Tacrolimus einsetzt, einem der Wirkstoffe zur Unterdrückung von Abwehrmechanismen des Körpers. Aber Überdosierungen der Immunsuppressoren sind ebenso unerwünscht wie zu geringe Mengen des Wirkstoffs.

Weitaus ernster als der Verzicht auf Grapefruit werden dagegen die Konsequenzen anderer Tipps ausfallen. Ich soll, das macht die Broschüre unmissverständlich deutlich, höchste Vorsicht bei Rohkost aller Art walten lassen. In meiner vorübergehenden nordmexikanischen Unterkunft nahe der Pazifikküste heißt das erst einmal: Ich muss auf mein Leib- und Magengericht Ceviche verzichten. Roher Fisch, eingelegt in einer Soße aus Essig, Limonen und Chili, gehört zu Lateinamerikas Leckerbissen. Japanisches Sushi oder Sashimi sind ebenfalls Speisen, vor denen ich mich hüten muss. Beim Anblick eines zünftigen Brötchens mit Gehacktem im urdeutschen Brauhaus sollen ebenfalls Warnglocken klingeln. Die Broschüre warnt zudem vor Salat und ungeschältem Obst.

Manchmal klingt das Informationsheft wie ein Leitfaden für Kurzzeiturlauber in den Tropen. «Essen Sie solche Speisen möglichst nur, wenn sie von Ihnen selbst gewaschen und zubereitet worden sind», lautet der eindringliche Rat der Mediziner. Der Grund für diese Warnungen klingt recht einleuchtend. Ich muss meine lebenswichtigen Pillen schließlich schlucken, und ein ernsthaft verdorbener Magen verhindert die geordnete Dosierung der Medikamente. Eine Magenverstimmung kann deshalb einen mehrtägigen Krankenhausaufenthalt samt Infusionen zur Folge haben.

Bei Speisen wie rohem Fisch und rohem Gemüse ist das Risiko besonders groß, weil man nie sicher sein kann, ob frisch ist, was auf den Tisch kommt. Mir fallen Anekdoten aus meiner Wahlheimat Bangkok ein. Viele Thailänder in meinem Bekanntenkreis haben während der vergangenen Jahre Bekanntschaft mit Krankenhäusern gemacht, weil sie sich in einer Garküche oder in einem Restaurant Lebensmittelvergiftungen eingefangen haben.

Aber je länger ich über die kulinarischen Warnungen nachdenke, umso gelassener werde ich, denn die Ermahnungen zur Vorsicht beziehen sich vor allem auf die Art der Zubereitung und die Qualität der Mahlzeiten. Die fremde Niere, so sinniere ich mit einem unverhohlenen Anflug von Vorfreude, zwingt mich zukünftig, nur vom Besten und Frischesten zu essen. «Mein Leben als ‹Foodie›» könnte also das neue Lebensmotto dank transplantierter Niere heißen.

Der Genussmensch in mir erhält jedoch schnell einen Dämpfer, denn offenbar muss ich jede Art von kulinarischer Ausschweifung mit einem knüppelharten Fitnessprogramm bezahlen. Mindestens vierzig Minuten soll ich mich täglich sportlich betätigen. Um zu betonen, wie wichtig das ist, haben die Autoren die Zahl eigens ausgeschrieben und fett gedruckt. Vierzig Minuten Sport bedeuten schließlich inklusive Umziehen und Duschen eineinhalb bis zwei Stunden täglich. So viel Zeit habe ich in meinem Leben noch nie für Leibesübungen aufgewendet.

Einige Monate später werde ich feststellen, wie gut der Rat ist, denn geschwächt durch Dialyse und Operation, braucht mein Körper ziemlich lange, um wieder einigermaßen auf Vordermann zu kommen. Erst nach etwa zwölf Monaten fühle ich mich wieder «normal» bei Kräften. Von Kampfsport oder Kontaktsportarten wie Fußball wollen die Autoren der Broschüre natürlich nichts wissen.

Das haben Ärzte wahrscheinlich auch im Fall des kroatischen Profifußballers Ivan Klasnic gesagt, dessen Nieren nach seiner Verpflichtung bei Werder Bremen versagten. Er nahm seinen Beruf dennoch wieder auf, nachdem sein Vater ihm eine Niere gespendet hatte, und kam sogar in der englischen Premier League unter. Auf Fernsehbildern konnte man manchmal beobachten, wie Klasnic sich zum Schutz der väterlichen Niere vor der Einwechslung eine Kunststoffscheibe unter das Trikot schob.

Ich kann die Entscheidung nachvollziehen. Wahrscheinlich wollte er wie ich einfach nur seinen Beruf weiter ausüben. Außerdem muss man nicht jedem Wort der Ärzte wortwörtlich folgen. Während der langen Stunden der Erholung im Hotel habe ich jedenfalls viel Zeit, Zukunftspläne zu schmieden.

Fußballspielen steht bei mir nicht auf der Liste der Aktivitäten, mit denen ich mein zukünftiges Leben vergnüglich gestalten will. Das gilt auch für das von den Ärzten ungeliebte Motorradfahren. Laut Broschüre soll ich auch mein Fahrrad verschrotten, aber in der Praxis sind viele dieser Regeln kaum zu befolgen. Ungefähr ein Jahr nach der Transplantation kurve ich als Fahrgast wieder auf dem Rücksitz von Mopedtaxis durch Asiens Städte. Ein hochmodernes Klapprad japanischer Fertigung mit allerlei technischen Feinheiten gehört ebenfalls weiter zu meinem Inventar.

Es ist einfach so viel schneller und effektiver, sich auf zwei Rädern durch die verstopften Megametropolen zu bewegen. Deshalb schlage ich alle Ärztewarnungen in den Wind, nachdem ich persönlich zu der Überzeugung gekommen bin, dass meine dritte Niere langsam fest genug sitzt. Ich muss ja nicht unbedingt durch jedes Schlagloch kurven, um zu testen, ob das fremde Organ irgendwann ins Bein rutscht.

Die Sorge vor Schlaglöchern und heftigen Stürzen bewegt mich allerdings dazu, ein Hobby aufzugeben. Ich habe zwei Jahre vor meinem Nierenversagen im thailändischen Badeort Hua Hin mit dem Kite-Surfen begonnen. Während der Anfängerlektionen stellten mein Surflehrer und ich plötzlich fest, dass unsere Bäuche von nahezu identisch aussehenden Narben geziert wurden. Meine stammt von der Entfernung der Milz vor der Strahlenbehandlung gegen meinen Lymphknotenkrebs. Die Narbe des Lehrers stammt aus einem Hospital in Vietnam. Dorthin hat er sich per stundenlanger Busfahrt geschleppt, als ihm beim Kite-Surfen nach einem Sturz mit hoher Geschwindigkeit die Milz riss.

Statt mit hoher Geschwindigkeit auf einem Surfbrett hinter einem zwölf bis 16 Quadratmeter großen Drachen herzufegen, werde ich mich zukünftig wohl eher mit Wohnzimmersport wie Yoga begnügen – oder im Fitnesszentrum schwitzend und schnaufend von einem Laufband neidisch den weitaus besser trainierten jüngeren Mitgliedern zuschauen. Denn das Gebot der himmelblauen Broschüre, täglich Sport zu treiben, nehme ich bis heute sehr ernst.

Um es deutlich zu sagen: Menschen mit einer transplantierten Niere wagen sich nicht nur von Schaumgummi umhüllt auf die Straße. Wir essen, ohne einen Vorkoster zu beschäftigen. Und wir haben auch keine Scheu, uns mit anderen Menschen zu treffen. Irgendwann haben die Autoren der Gesundheitsfibel wohl selbst gemerkt, dass sie mit ihren Listen und Hinweisen wie Spaßverderber daherkommen. So zumindest erkläre ich mir den kurzen Satz, der sich übergangslos nach dem Ende des Kapitels Sport plötzlich mitten auf einer Seite findet und mich zum Lachen bringt: «Beim Sexualleben können Sie ruhigen Gewissens alle Stellungen praktizieren.» Manche Leute scheinen seltsame Sorgen zu haben. Für meinen Teil habe ich zugegebenermaßen noch gar nicht so weit zu denken gewagt. Schließlich ziehen Verband und Narbe bereits schmerzhaft in der Leiste, wenn ich kichern muss. Aber ich werde mir den Hinweis für die Zukunft merken.

An diesem Sommerabend geht es im Krankenhaus der nordmexikanischen Stadt um ernstere Angelegenheiten. Ich habe einen Termin mit meinem Nierenchirurgen, der Verband soll endgültig abgenommen werden. Er ist mit breiten Klebebändern über der halbmondförmigen, rund 15 Zentimeter langen Operationsnarbe festgeklebt. Die Prozedur mag wie Routine erscheinen. Für mich ist sie eine Premiere, und es bietet sich mir erstmals die Gelegenheit zu sehen, was aus meinem Körper geworden ist.

Dank der Fotos, die eine Assistentin während der Transplantation gemacht hat, weiß ich längst, wie es in meinem Inneren aussieht. Mit einer Metallklammer hat das Operationsteam nicht nur die Haut- und Speckschicht, die zugegebenermaßen mit ihrer gelblichen Farbe etwas peinlich wirkt, auseinandergezogen. Adern, Sehnen und Muskeln mussten ebenfalls für die neue Niere Platz machen, als sie oberhalb meiner rechten Leiste in den bereits vollen Unterleib gezwängt wurde.

Als der Arzt nun die Klebestreifen des Verbandes abzieht und die länglichen Mullbinden wegnimmt, sieht man als Erstes die Narbe, die noch in zornigem Rot leuchtet. Die Naht ist deutlich zu sehen, die Fäden haben sich längst aufgelöst. «Bitte berühren Sie die Stelle und versuchen Sie festzustellen, wo die Niere sitzt», sagt der Arzt.

Zunächst zögernd und dann etwas mutiger fahre ich mit der Hand über die Operationswunde. Meine Haut fühlt sich taub an. Die Nerven sind offensichtlich noch nicht über den Skalpellschnitt, die stundenlange Operation und vielleicht auch das neue Organ in meinem Körper hinweggekommen. Dann ertaste ich eine flache, harte Beule in meiner Leiste. Sie ist etwa handtellergroß. Wenn ich drücke, spüre ich nichts.

«Es wird etwas länger dauern», erzählt der Arzt, «bis Ihre Nerven in die Niere hineinwachsen.» Teil meines Körpers ist das neue Organ also schon, aber noch ist nicht völlig zusammengewachsen, was nun auf Gedeih und Verderb zusammengehört. «Einmal täglich», sagt der Chirurg, «sollten Sie mit der Hand die Stelle befühlen. Wenn Sie eine Schwellung feststellen, müssen Sie sofort zum Arzt gehen.» Tägliche

Fieber- und Blutdruckmessung sowie die Handauflegung gehören ab sofort sozusagen zum Standardwartungsprogramm. Es ist eine Art Frühwarnsystem, mit dem Transplantationspatienten rechtzeitig Probleme erkennen sollen.

Ich streiche noch einmal über die Stelle, unter der nun meine neue Niere sitzt. Die Narbe wird bald heilen, die Beule bleibt. Als ich Monate später an Gewicht zulege, stellt sich heraus, dass der obere Teil der Beule genau unter der Gürtelschnalle sitzt. Manchmal, wenn ich zu lange und zu viel gesessen habe, deutet sich an der Stelle ein blasser blauer Fleck an. Doch wenn die Narbe nicht wäre, würde man das zusätzliche Organ zunächst gar nicht bemerken.

Anfangs hatte ich geglaubt, eine oder beide meiner von Zysten durchsetzten Niere würden herausgeschnitten und das neue Organ an ihrer Stelle eingesetzt. Stattdessen verkümmern die alten, nutzlosen Organe nun an ihrem Platz, während die eingepflanzte Niere für beide arbeitet. Bis zu dem Augenblick, in dem der Arzt mir endgültig den Verband abnimmt, stelle ich mir zudem eine Art Geschwulst vor, die sich in der Größe eines Gänseeis aus meinem Bauch hervorwölbt.

Stattdessen fügt sich meine neue Niere so unauffällig in die Umgebung meines Bauches, dass ich nicht einmal auf die Idee komme, sie als Fremdkörper zu betrachten. Viele transplantierte Patienten, so habe ich mir sagen lassen, beschäftigen sich so intensiv mit ihrer neuen Niere, dass sie dem Organ sogar einen Namen geben. Aber die Vorstellung, mit der flachen Hand über meine Paula zu streichen, fällt mir ebenso schwer wie die Überlegung, später vielleicht einmal einen inneren Dialog mit dem Organ namens «Teil» zu führen.

Meine deutschsprachigen Bekannten kennen meine Vorliebe für das Wort «Dingenskirchen», wenn mir ein Name oder ein Begriff entfallen ist. «Dingenskirchen» würde sich gut machen als Name und Beschreibung des neuen Organs.

Irgendwann löst sich die Frage von selbst, denn es dauert nicht lange, bis die Niere samt Medikamenteneinnahme und Betasten zu einem selbstverständlichen Bestandteil meines Lebens geworden ist. Meine dritte Niere bekommt einfach keinen Namen. Ich vermute, dass ich kein großes Aufheben um das zusätzliche Organ in meinem Körper machen will, das mir auf Jahre ein «fast normales Leben» ermöglichen wird.

«Haben Sie noch Fragen?», sagt der Arzt und wendet sich dem Waschbecken zu. Die Sprechstunde scheint beendet. Er hat mir erzählt, was ich zu beachten habe, und versichert mir, dass ich mich jederzeit bei ihm melden könne, wenn Schwierigkeiten auftreten. Und schließlich folgt der Satz, auf den ich geduldig, aber mit wachsender Unruhe gewartet habe. «Wenn keine Komplikationen auftreten, können Sie von mir aus übermorgen abreisen.»

Ich habe ihn wirklich ersehnt, diesen Satz, der mich in die abenteuerliche Zukunft mit einem neuen Organ entlassen wird. Ich erinnere mich noch gut, wie ich als Schüler fasziniert die Berichte von der ersten Herzverpflanzung in Südafrika im Jahr 1967 verfolgt habe. Später erst wurde mir klar, dass der Chirurg Christiaan Barnard zuvor weltweit auch die zweite Nierentransplantation von Mensch zu Mensch versuchte.

Rund vier Jahrzehnte später sind Nierentransplantationen fast Routine. Ich sitze nun im Sprechzimmer eines mexikanischen Krankenhauses und profitiere von der Pionierarbeit des südafrikanischen Arztes. Der Chirurg, der mir erklärt, dass ich täglich meine rechte Leiste abtasten soll, profitiert auf seine Art ebenfalls.

Aber bei der Sprechstunde zeigt weder er noch ich Interesse an solchen Fragen. Es geht schließlich um mein zukünftiges Leben. Der Arzt legt mir noch einmal ans Herz, die Hinweise in der blauen Broschüre zu befolgen. Dann unterschreibt er einen Arztbericht. Ich stelle schon beim flüchtigen Überfliegen des Textes fest, dass es sich um einen Vordruck handeln muss, denn bis auf meinen Namen bezieht sich der gesamte Text auf eine Frau. Eine Krankenschwester betritt das Büro und übergibt mir eine Plastiktüte mit Medikamenten. Sie sollen die Zeit bis zu meinem ersten Besuch bei meinem heimischen Nephrologen überbrücken.

«So, das war's!», sagt der Mediziner, steht auf und will mir die Hand schütteln. Doch ich bin längst noch nicht so weit und bleibe sitzen. «Wann können die weg?», frage ich und deute auf die rechteckigen Pflaster unterhalb des rechten Schlüsselbeins. Schließlich liegen dort versteckt die Kanülen, die seit meiner Transplantation nicht mehr benutzt wurden. «Oh», sagt der Arzt und muss zugeben, dass er dieses in meiner Ader fast bis zum Herzen reichende Plastiksouvenir völlig vergessen hat. «Jetzt», antwortet er und holt steriles Besteck aus einem Schrank hervor. Mir wird ein wenig mulmig. Wird es wohl schmerzen? Oder wird da nun Blut aus meiner Arterie spritzen? Das silbern glänzende Arztbesteck erinnert mich an die Momente vor der Narkose im Operationssaal.

Ich lehne mich zurück, presse die Finger in die Armlehne und harre der Dinge. Ich spüre ein Ziepen im Hals, ein schwer zu beschreibendes, ungewohntes Gefühl, und schon hält der Mediziner zwei mit frischem Blut beschmierte Dinger in der Hand, die auf den ersten Blick wie lange Regenwürmer aussehen. Es sind die «Tankstutzen» der Dialyse, mit deren Hilfe ich im vergangenen halben Jahr am Leben gehalten wurde und die ich von der ersten Sekunde an mit Inbrunst gehasst habe. Seltsam, dass sie nicht nur als Erstes mein anderes Leben symbolisierten – nun verschwinden sie auch als letztes Memento an ein Leben, das ich nicht führen wollte. Das neue, unbekannte, «fast normale Leben» liegt vor mir. Ich weiß nicht, wie lange es dauern wird, aber ich bin fest entschlossen, das Beste daraus zu machen.

«Hallo Welt», möchte ich rufen, «ich bin wieder da!»

Nachwort

Ich sitze mit meinem Freund Amir Shah im Herat-Restaurant gegenüber dem Shar-e-Now-Park in der afghanischen Hauptstadt Kabul. Bei meinem ersten Besuch am Hindukusch im Jahr 1996, bei dem ich Amir Shah kennenlernte, haben wir beide hier typisch afghanische Leckerbissen gegessen. Als die radikalislamischen Talibanmilizen in Kabul das Sagen hatte, bediente mich der Wirt selbst dann, wenn einige der Gotteskrieger meine Anwesenheit mit mürrischen Blicken würdigten.

Soweit ich mich erinnern kann, waren die Türen des Lokals in all den Jahren seit 1996 noch nie geschlossen. Diesmal kommt der Wirt ebenfalls nicht auf die Idee, den Betrieb einzustellen. Dabei gleicht Kabul am Vorabend der Präsidentschaftswahl am 5. April des Jahres 2014 ein wenig einer Geisterstadt.

Die radikalislamischen Talibanmilizen haben während der vergangenen Wochen mit Anschlägen und Überfällen auf ein Luxushotel, ein vor allem von Ausländern frequentiertes Restaurant im Diplomatenviertel und auf das Gästehaus einer US-Organisation die Furcht vor Gewalttaten angeheizt. Hotels wurden geschlossen, viele in Kabul arbeitende Ausländer haben sich während der Wahlwoche nach Dubai abgesetzt.

Heute Morgen ist im Osten Afghanistans die deutsche Fotografin Anja Niedringhaus von einem Polizisten erschossen worden. Die Kollegin Kathy Gannon, die ich schon seit 1996 kenne und eine enge Freundin von Amir Shah ist, überlebte mit schweren Verletzungen. Der Wirt, der Kathy ebenfalls kennt, fragt nach dem Befinden der Kollegin, bevor er Amir und mich in den sogenannten VIP-Bereich des Herat-Restaurants führt.

Die Stühle sind hier mir Kunstlederpolstern statt Plastik bezogen. Aber wir lassen uns lieber im Schneidersitz zwischen Kissen auf einem dunkelroten Teppich nieder und angeln mit der rechten Hand nach ofengebackenem Huhn, Salat, Reis und heißem Fladenbrot. Der Wirt hat die Speisen nach afghanischer Art auf einer Plastikdecke vor uns ausgebreitet.

Unsere Stimmung ist wegen des fatalen Zwischenfalls am Morgen etwas gedrückt, aber längst nicht so angespannt wie draußen auf der Straße. Es gibt in den frühen Abendstunden kaum Autoverkehr. Normalerweise steht der Verkehr hier im Zentrum, und das ewige Hupen ungeduldiger Fahrer übertönt sogar die Gebete, die vom Turm der nahegelegenen Moschee verbreitet werden. Der Kundenandrang im Herat-Restaurant ist ebenfalls bescheiden.

Vor der morgigen Wahl harrt Kabul mit angehaltenem Atem der Dinge, die da kommen werden. Die meisten Kollegen, die wie ich zur Wahlberichterstattung nach Kabul gekommen sind, meiden die Straßen der Hauptstadt in der Dunkelheit. Sie sitzen in ihren Zimmern in einem der streng bewachten Gästehäuser, in dem auch ich untergekommen bin, und warten auf die Öffnung der Wahllokale am nächsten Morgen.

Aber die Lust auf das Vergnügen eines gemeinsamen Abendessens in der Kabuler Ur-Kneipe gemeinsam mit meinem Freund war stärker als meine Vorsicht. Schließlich bin ich 1996 mit Amir in einem wackeligen gelben Taxi zu der Straßensperre am Stadtrand gekurvt, an der die Talibanmilizen vor ihrer Eroberung von Kabul einen Halt eingelegt hatten. Wir haben also reichlich Gelegenheit, in alten Erinnerungen zu schwelgen, während die Finger unserer rechten Hand von dem Fett triefen, in dem das Essen schwimmt.

Der Wirt bringt grünen Tee, und plötzlich sind wir in ein Gespräch über all die Ereignisse verwickelt, über die man in Afghanistan nichts in den Medien findet und nur in Restaurants wie dem Herat hört. Ich fühle mich wohl bei den alten Bekannten. Es ist wie in alten Zeiten, und ich kann den nostalgischen Restaurantbesuch so ausgiebig genießen wie zu den Zeiten, als ich noch keine Beule über meiner rechten Leiste hatte.

Es sind inzwischen Jahre vergangen, seit dort bei der Transplantation eine neue Niere zwischen meine alten Organe und Muskeln gezwängt wurde. Ich bin zwar immer noch sehr wählerisch bei der Auswahl von Restaurants und Speisen in Asien. Ich will und sollte mir den Magen nicht verderben. Aber die Zeiten, in denen ich aus lauter Vorsicht in einem Restaurant wie dem Herat nur Brot gegessen hätte, sind längst vorbei. Dem Lokal vertraue ich zudem aus dem einfachen Grund, dass halb Kabul krank zu Hause bleiben müsste, wenn das Herat verdorbenes Fett beim Braten und Kochen benutzen würde.

Ich plaudere mit Amir über alte Zeiten. Das Gespräch kreist um andere uns bekannte Kollegen, die während der vergangen 20 Jahre bei der Arbeit in irgendeinem Konfliktgebiet ums Leben gekommen sind. Krisenreporter sind eine vergleichsweise kleine Gruppe von Journalisten, die sich meist nur bei Katastrophen und Konflikten begegnen.

Amir kann sich an die Zeit erinnern, als meine Nierenfunktionen sich verschlechterten und ich mit grauem Gesicht in Kabul ankam. Ich erinnere mich lebhaft an die Tage während meiner Dialysebehandlungen, an denen ich fast schon die Hoffnung aufgegeben hatte, jemals wieder wie früher in Ländern wie Afghanistan herumzustromern.

Zugegeben, mein Nephrologe schlägt jedes Mal die Hände über dem Kopf zusammen, wenn ich mich wieder mal aus einem exotischen Flecken melde. Manchmal frage ich dann wegen eines Termins nach. Meistens will ich wissen, wie es um die Verträglichkeit mit einem Medikament steht.

Ich bin weitaus anfälliger für Erkältungen als vor der Transplantation. Die Haut macht häufiger Ärger als früher. Viele Ärzte, die ich während meiner Trips wegen solcher Allerweltsproblemchen konsultiere, kennen sich schlecht oder gar nicht mit Transplantationspatienten aus. In vielen Ländern denken die Mediziner ohnehin, dass Antibiotika alle Probleme lösen. Dank meiner transplantierten Niere muss ich freilich bei Medikamenten noch wählerischer sein als bei Restaurantbesuchen.

Manche Bekannte und Freunde tippen mit ihren Zeigefingern an die Stirn, wenn sie wieder einmal von meinen Reisezielen wie Afghanistan oder Pakistan erfahren. Ich gebe auch gerne zu, dass ich etwas widersinnig handele. Schließlich besuche ich die eine oder andere Gegend, in der man sich seines Lebens nicht völlig sicher sein kann. Ich setze sozusagen ein Leben aufs Spiel, dass ich vor ein paar Jahren mit viel Geld und Mühe dank einer Nierentransplantation bewahrt habe.

Aber dieser Kitzel der Gefahr, die Anforderung, unter schwierigen Bedingungen zu funktionieren, und die Fähigkeit, entlegene Ecken dieser Welt zu besuchen, sorgen eben für die Funken, die zu einem mir spannend erscheinenden Leben gehören. Ich teste auch Jahre nach der Transplantation noch immer meine neuen Grenzen aus.

Am weitesten bin ich nach dem verheerenden Taifun Haiyan im Herbst des Jahres 2013 gegangen und habe ein paar Tage nach dem Wirbelsturm das Katastrophengebiet besucht. Die meisten Hütten waren zerstört. Die Fenster der Steinhäuser waren vom Wind eingedrückt worden, die Zimmer der wenigen Hotels unbewohnbar, weil sie von eingedrungenem Seewasser oder Regen zerstört worden waren. Es gab keinen Strom und Wasser nur aus Plastikflaschen.

Wir mussten tagelang in den Ruinen von Stadtverwaltungen auf dem Boden in Räumen übernachten, die tagsüber zum Teil als Anlaufstelle für kranke Katastrophenopfer dienten. Die Toiletten, über diese Seite des Lebens wird bei der Berichterstattung aus Katastrophengebieten fast nie berichtet, waren nach wenigen Tagen teilweise so verstopft, dass die Feuerwehr anrückte. Zweimal bin ich abends in der Dunkelheit zur Feuerwache gepilgert und habe mich dort auf dem Parkplatz notdürftig gebadet.

Das größte Risiko aber sieht man nicht. Wo es so viele Tote, Trümmer und Abfall gibt, verwandelt sich die Luft sehr schnell in einen Bakteriensmog. Ich weiß, wovon ich rede, denn ich habe mich schon früher als gesunder Mensch mit normalen Abwehrkräften bei solchen Gelegenheiten gerne einmal angesteckt. Nach dem südostasiatischen Tsunami bin ich in der am schlimmsten betroffenen indonesischen Provinz Aceh tagelang mit heftigen Magenkrämpfen und Würgehusten durch die Ruinen gestreift. Auf den Philippinen ist alles gutgegangen. Vielleicht hatte ich einfach nur Glück. Aber mein Selbstvertrauen steigt mit jeder abenteuerlichen Reise, die ohne Komplikationen abläuft.

In den ersten Tagen nach der Transplantation hätte ich nie erwartet, dass mein vom Arzt vorhergesagtes «fast normales Leben» wieder so sehr meinem früheren Leben gleichen würde. Allerdings bin ich auch sehr viel vorsichtiger geworden. Ich unternehme heute keine Fahrten mehr, die mich länger als ein bis zwei Tagesreisen vom nächsten Arzt wegführen. Ausflüge mit der Untergrundbewegung im indonesischen Teil von Papua gehören deshalb ebenso der Vergangenheit an wie ein Aufenthalt bei militärischen Vorposten am Hindukusch. Ich verzichte auch auf tagelange Flussreisen oder Gewaltmärsche in unzugänglichen Urwaldgebieten.

Es hat natürlich auch Komplikationen gegeben. Ein paar Monate nach der Transplantation wurde ich von Windpocken heimgesucht, weil das Immunsystem so geschwächt war. Die Ärzte benötigten fast zwei Wochen, bevor sie dem Übel auf die Spur kamen. Zurück blieben ein paar Nervenschäden in den Füßen. Überrascht habe ich zudem festgestellt, wie dünn mein Stresswiderstand seit dem Nierenversagen und der anschließenden Transplantation geworden ist.

Aber meine Kreatininwerte sind vorläufig weiter sehr gut, so gut sogar, dass ich mein Leben genieße. Gutes Essen und das gelegentliche Glas Rotwein gehören zum Alltag. Manchmal schneide ich mir eine dünne Scheibe Zitrone und lutsche sie wie einst zu Dialysezeiten. Damals war es ein Notbehelf. Heute stelle ich fest, dass ich sie gerne esse. Geschmack ist vielleicht auch eine Sache der Gemütsverfassung.

Weil es mir empfohlen wurde, versuche ich mich auch strikt an die Vorgabe zu halten, mich täglich 40 Minuten lang sportlich zu betätigen. Das macht nicht nur fitter – es hilft auch bei der Sache mit den Stellungen, die in der himmelblauen Anleitung für Transplantationspatienten angesprochen wurden.

Es sieht also gut aus für die Zukunft – soweit man das sagen kann. Denn ich habe erfahren, dass nichts selbstverständlich ist und sich die ganze Welt schneller völlig auf den Kopf stellen kann, als man erwartet. Jeden Morgen streiche ich deshalb über die Beule in meiner Leiste und erinnere mich, wie unsicher und ungewiss die Zukunft ist, und nehme mir vor, jedem Ärger aus dem Weg zu gehen. Ich will mein Leben leben, egal ob es noch Tage oder Jahre weitergeht.

Dank

An erster Stelle muss ich mich natürlich bei Raymond bedanken. Das ist nicht sein wahrer Name. Ich verdanke ihm einen Neubeginn in meinem Leben, den ich nicht für möglich hielt. Hasnain Kazim in Istanbul, Peter Kunz in Singapur und Ian MacKinnon in Hua Hin haben mich bei langen Gesprächen zu der schwierigen Entscheidung überredet, dieses Buch zu schreiben.

Ich habe lange mit mir gerungen, über meine Erfahrungen zu berichten. Wir Journalisten schreiben lieber über andere Leute als über uns selbst. Deshalb bin ich lange Zeit auf der Suche nach einem Konzept herumgeirrt. Zum Glück haben mich in dieser schwierigen Phase Karin und Gaby besucht. Während einer langen Nacht haben die beiden meine seit Jahren auf Abnehmer wartenden Schnapsvorräte geplündert, während ich mich auf meinem Balkon an zwei Gläsern Rotwein und jeder Menge Sprudelwasser festgehalten habe. Aber sie brachte den Durchbruch. Die beiden haben mein Gedankenknäuel entwirrt, bevor ich mich ans Schreiben gemacht habe.

Mein besonderer Dank gilt zudem meiner nächsten Verwandtschaft, ohne deren Unterstützung diese schwierigen Zeiten noch schlimmer gewesen wären.

Wenn der Körper die Notbremse zieht

Eine erfolgreiche Frau klappt zusammen. Nichts geht mehr. Die Diagnose: Burnout. In einer Klinik im Allgäu beginnt sie, einen «Brief an mein Leben» zu schreiben. Präzise analysiert sie ihre Gefühle, stößt auf alte Wunden und macht deutlich, was geschieht, wenn wir ständig unterwegs sind und permanent kommunizieren, aber nicht mehr sagen können, was uns glücklich macht. Miriam Meckel spricht offen über ihren Burnout – und darüber, wie man mit ihm umgehen, ihn überwinden kann.

rororo 62701

Die dunkle Seite der Schnäppchen

Aldi – das ist das Vorbild aller Discounter und für viele Kunden inzwischen Kult. Aldi setzt Maßstäbe. Doch noch nie gelang ein tiefer Blick hinter die Kulissen. Der ehemalige Aldi-Süd-Manager Andreas Straub bricht jetzt die Mauer des Schweigens. Erstmals enthüllt ein Insider aus eigener Erfahrung, wie er den Arbeitsalltag bei Deutschlands Discounter Nummer eins erlebt hat. Extrem hoher Arbeitsdruck, Einschüchterung und Willkür, Entlassungen als Personalpolitik, perfide Überwachungsmethoden und Spitzeleien, Kostendruck und der rigide Umgang mit Lieferanten: Straubs Bericht aus der Innenwelt der Billigpreise ist ein schockierendes Beispiel für die Verrohung in der Arbeitswelt.

rororo 62959

Das für dieses Buch verwendete FSC®-zertifizierte Papier
Lux Cream liefert Stora Enso, Finnland.